Como fortalecer sua autoestima

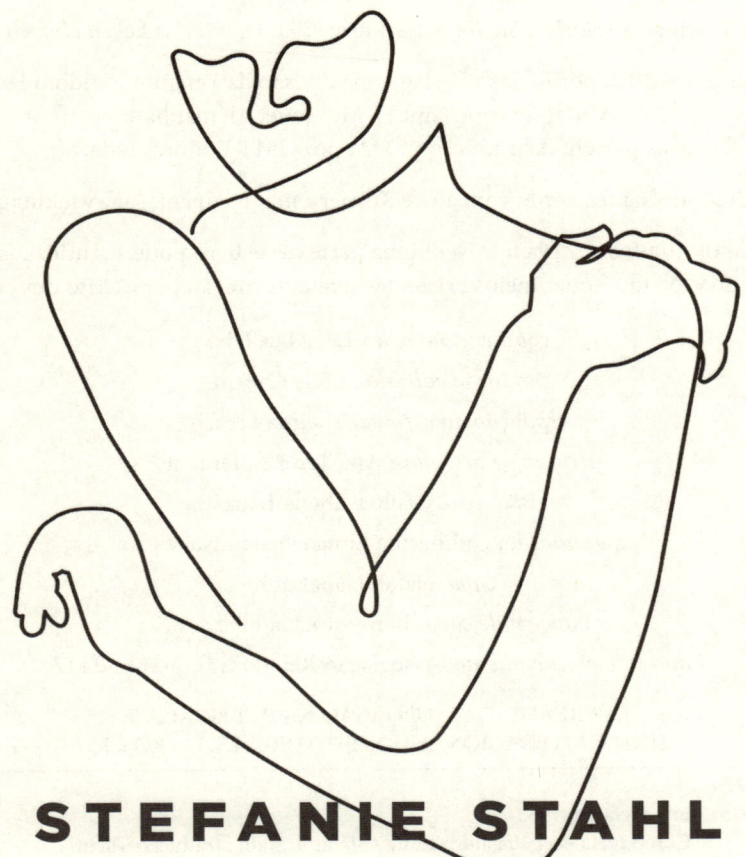

STEFANIE STAHL

Como fortalecer sua autoestima

Aprenda a lidar com a insegurança, o medo e a vergonha e a se amar plenamente

Título original: *So stärken Sie Ihr Selbstwertgefühl: Damit das Leben einfach wird*

Copyright © 2020 por Kailash Verlag, uma divisão da Penguin Random House Verlagsgruppe GmbH, Munique, Alemanha
Copyright da tradução © 2024 por GMT Editores Ltda.

Publicado mediante acordo com a Ute Körner Literary Agent – www.uklitag.com

Todos os direitos reservados. Nenhuma parte deste livro pode ser utilizada ou reproduzida sob quaisquer meios existentes sem autorização por escrito dos editores.

coordenação editorial: Alice Dias
produção editorial: Livia Cabrini
tradução do alemão: Thelma Lersch
preparo de originais: Ana Tereza Clemente
revisão: Ana Grillo e Sheila Louzada
diagramação: Guilherme Lima e Natali Nabekura
capa: Natali Nabekura
imagem de capa: Ben – stock.adobe.com
impressão e acabamento: Associação Religiosa Imprensa da Fé

CIP-BRASIL. CATALOGAÇÃO NA PUBLICAÇÃO
SINDICATO NACIONAL DOS EDITORES DE LIVROS, RJ

S779c

Stahl, Stefanie, 1963-
  Como fortalecer sua autoestima / Stefanie Stahl ; tradução Thelma Lersch. - 1. ed. - Rio de Janeiro : Sextante, 2024.
  224 p. ; 23 cm.

  Tradução de: So stärken sie ihr selbstwertgefühl
  ISBN 978-65-5564-838-6

  1. Autoestima. 2. Autoconfiança. 3. Técnicas de autoajuda. I. Lersch, Thelma. II. Título.

24-88465
CDD: 158.1
CDU: 159.923.2

Meri Gleice Rodrigues de Souza - Bibliotecária - CRB-7/6439

Todos os direitos reservados, no Brasil, por
GMT Editores Ltda.
Rua Voluntários da Pátria, 45 – 14º andar – Botafogo
22270-000 – Rio de Janeiro – RJ
Tel.: (21) 2538-4100
E-mail: atendimento@sextante.com.br
www.sextante.com.br

Para meus pais, Walter e Mona Stahl

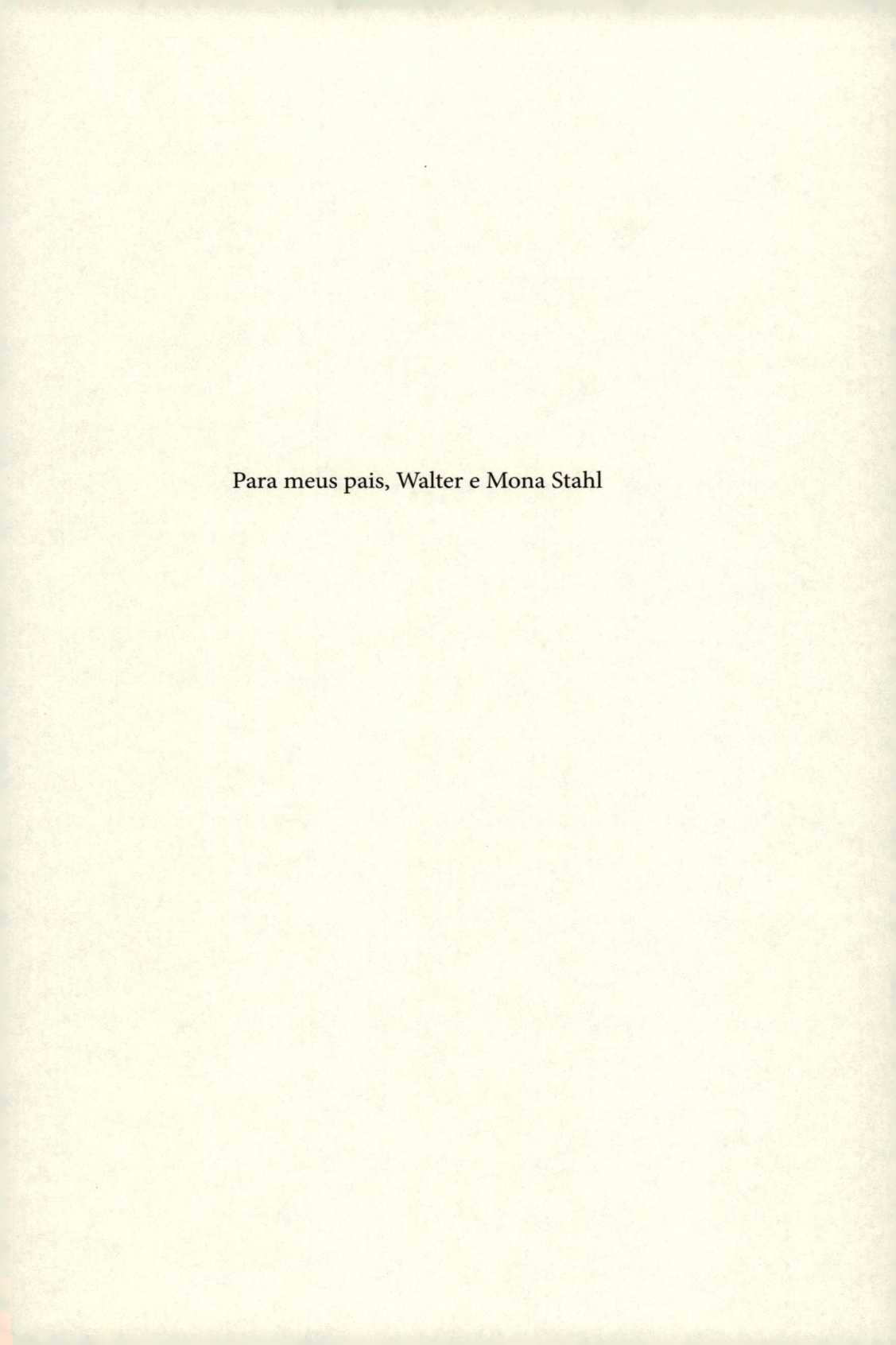

SUMÁRIO

Prólogo   9

Capítulo 1 Sendo eu mesmo de forma consciente   15
   Autoestima: preciso aumentar a minha!   15
   O que diferencia uma pessoa autoconfiante de uma pessoa insegura?   17
   Como a baixa autoestima se mostra   18
   Implicações na convivência: os verdadeiros pontos fracos das pessoas inseguras   35
   Os pontos fortes das pessoas inseguras   49

Capítulo 2 Por que sou tão inseguro?   51
   Causas da baixa autoestima   51
   Como surgem a confiança básica e o apego   53
   O apego inseguro   57
   Digressão: o narcisista   64
   "Mamãe e papai, preciso tanto de vocês!"   67
   As experiências de infância são realmente tão formativas?   69
   Autoestima biográfica   70

Outras causas da baixa autoestima   71

A criança interior   72

Capítulo 3   Quero sair dessa situação!   74

Como se tornar mais autoconfiante   75

Autoaceitação   77

Comunicação   129

Agir   163

Sentir   178

Capítulo 4   Como mudar sua vida: exercícios   203

Responsabilidade e vitimização   203

Capítulo 5   Como mudar sua vida: teste e dicas   213

Introversão e extroversão   213

Epílogo   220

Agradecimentos   222

PRÓLOGO

Caminho com cuidado pela floresta. Está frio e é difícil enxergar na penumbra. Paro várias vezes e olho em volta – há inimigos em toda parte, à espreita. Ou seriam apenas sombras?

A vida no planeta Insegurança é perigosa, um desafio diário. Muitas pessoas más vivem aqui. Pessoas fortes – mais fortes que eu. E elas são espertas – mais espertas que eu. Muitas querem me destruir, pois sou mais fraco. Há alguns habitantes amigáveis, é claro, mas nunca se sabe. Já me enganei muitas vezes, achando que não me fariam mal, e de repente... Bam! Todo cuidado é pouco.

Neste planeta impera uma ditadura: os fortes governam os fracos. Não adianta resistir. Eu gostaria de ser um dos fortes, apesar de achá-los detestáveis. Desde a infância luto contra minha fraqueza. Sempre me esforcei muito e ainda hoje tento fazer tudo certo, mas não adianta. Algumas vezes cheguei a acreditar que me tornaria forte, mas esse sentimento bom durava pouco. Eu dizia a mim mesmo que não me iludisse: pés no chão, senão o tombo será ainda maior.

Para que não vejam minha fraqueza, passei a usar um manto de invisibilidade. Assim me deixam em paz. Não saio mais de casa sem ele.

Mas tenho pavor de ser desmascarado. Não quero nem imaginar como seria, porque ser fraco é fatal neste planeta.

Eu me odeio por minhas fraquezas. E odeio os fortes, mas é claro que não digo isso a eles, senão estaria perdido.

Além do manto de invisibilidade, tenho outros recursos de sobrevivência, pois são necessários por aqui. Desenvolvi essas estratégias quando criança e hoje as ensino a meus filhos. "Boca fechada" é a mais importante delas. Também é preciso fazer o que os outros esperam de você, de preferência ir além. Nunca dizer não quando um dos fortes lhe pedir algo. Melhor ainda: prever o que vão pedir, para poder reagir mais rápido. Reconhecer situações e agir de acordo! Essa é a minha estratégia, que inculco em meus filhos.

Alguns fracos querem passar por rebeldes, o que é ridículo. Acham que protestar leva a algum lugar. Protestam o tempo todo, por qualquer coisinha. São agressivos, parecidos com os fortes. Mas os fortes sempre estarão em vantagem.

Esses dias li no jornal sobre um planeta chamado Segurança, onde tudo é bem diferente. É uma democracia. Aparentemente, as pessoas que vivem lá gostam umas das outras e até de si mesmas. Ora, se eu fosse forte, também gostaria de mim. O jornal dizia que nesse planeta Segurança as pessoas gostam de quem são apesar de suas fraquezas. Como isso é possível? Dizia também que as pessoas lá geralmente estão de bom humor. Isso dá para imaginar, afinal, eu também teria bom humor se tivesse confiança em mim.

A matéria trazia uma entrevista com um morador de Segurança. Ele dizia que existem algumas pessoas ruins por lá, mas a maioria é legal. E que não se sente ameaçado quando sai de casa. Perguntaram se ele usava um manto de invisibilidade e o homem nem sabia o que era isso. Imagine só! O cara não sabe o que é um manto de invisibilidade! Como ele lida com suas fraquezas? O homem respondeu que convive bem com elas. E que tenta melhorar, mas ninguém é perfeito. Ele deveria nos fazer uma visitinha! Queria só ver se ia conseguir manter a pose de durão.

Então perguntaram o que ele faz se é atacado por alguém, e o homem disse que simplesmente se defende, dependendo da situação. Segundo ele, na maioria das vezes basta falar que não gostou do comportamento da pessoa. Haha, já pensou? Imagine eu dizendo a um forte: "Ei, isso não foi legal." Ele pensaria que não bato bem da cabeça. E riria da minha cara.

O homem ainda falou um pouco sobre como leva a vida. Disse que estabelece metas e tenta cumpri-las e que já conseguiu muitas coisas. Tem um bom emprego, uma esposa amorosa e dois filhos lindos. Ainda não alcançou tudo que deseja, mas sente que isso não é problema. "Tudo bem cair, o importante é levantar", disse. Que ridículo! Prefiro garantir que eu nem ao menos tropece. Meu pai sempre dizia que precaução nunca é demais. E o sujeito ainda teve a audácia de dizer que é grato pelo que a vida lhe dá. Não me surpreenderia se esse lunático saísse por aí abraçando árvores.

Por fim, perguntaram quais são os requisitos de entrada no planeta Segurança. Ele respondeu: "Muito simples, é só a pessoa se aceitar do jeito que é." Ele só pode estar de brincadeira. Não tem requisito mais difícil que esse!

"Eu sou o que sou, e isso é o que eu sou!"
Popeye

CAPÍTULO 1

SENDO EU MESMO DE FORMA CONSCIENTE

Autoestima: preciso aumentar a minha!

A autoestima é a expressão de uma crença interna que determina nosso estilo de vida e nossa satisfação com a vida.

Todo mundo tem algo a dizer sobre sua autoestima. Todo mundo lida com ela de alguma forma. A maioria das pessoas diz que sofre de *baixa* autoestima, tanto que o que mais ouço sobre o assunto é: "Autoestima... Preciso aumentar a minha!" Autoconfiança e segurança são sinônimos de autoestima. *Ah, como eu queria ser mais confiante!...* Quem nunca pensou isso?

A baixa autoestima não é algo palpável. Nós a sentimos de modo indireto, por meio das emoções associadas a ela – sobretudo medo e vergonha. E, como toda emoção, o medo e a vergonha se manifestam no nível físico: formigamento, palpitação, pressão no peito, falta de ar, tremores ou a sensação de paralisia. Sentir medo ou vergonha é indicativo de que temos pouca confiança em nossas capacidades ou que enxergamos pouco valor em nós. Consequentemente, podem se instalar no corpo também sentimentos de tristeza, decepção, desamparo ou raiva.

"Pense positivo", as pessoas costumam dizer a quem tem problemas de autoestima. Ah, basta pensar positivo! Simples assim! Mas isso não funciona. Fazer afirmações para si mesmo ou ouvir incentivos como "Vai dar tudo certo", "Você consegue", "Você é bom" e "Não importa o que os outros pensam" raramente ajuda. Não conheço nenhuma mulher que tenha se tornado autoconfiante por se colocar diante do espelho todos os dias e declarar em voz alta: "Você é linda!" Para ser sincera, não conheço nenhuma que tenha ao menos tentado fazer esse tipo de exercício. Quando estamos convencidos de que *não* somos algo, já sabemos que de nada adiantará tentar nos convencermos do contrário. Isso vai contra a própria natureza da convicção – é como correr atrás do próprio rabo.

E mesmo quando não sabemos se somos ou não algo, obrigar-se a pensar positivo não ajuda muito, porque a dúvida fala mais alto que as fórmulas invocadas. O sentimento de inadequação, o medo da rejeição ou o medo da humilhação estão enraizados de tal forma que não desaparecem com simples frases ou conselhos. "Ouço suas palavras, mas me falta a crença." Ou: "Racionalmente, sei de tudo isso, mas não consigo mudar o que sinto."

Enquanto escrevo estas linhas, sou constantemente assombrada por dúvidas quanto a minha capacidade de falar sobre um tema tão complexo. Vejo uma pilha imaginária de páginas em branco e penso que não vou conseguir. E essas dúvidas bloqueiam meu raciocínio. No entanto, outra parte de mim sabe que sou capaz, que não é meu primeiro livro e que tenho algo a dizer.

Ouço essa discussão entre o anjinho e o diabinho internos e não sei bem em quem acreditar. E assim o tempo passa – tempo que perco sentada tomando café, encarando o nada, pensando se isso realmente faz sentido e me perguntando por que escrever mais um livro. Vejo o piano ao lado da escrivaninha, me seduzindo a largar a escrita e tocar um pouco, mas permaneço aqui, obstinada, pois não quero desistir e porque uma das vozes internas está convencida de que preciso seguir em frente.

Felizmente, aprendi a fortalecer minha autoestima e hoje não costumo ter problemas ligados a isso. No entanto, ao me ver diante da tarefa de escrever sobre um assunto tão delicado, a dúvida toma conta de mim.

Esses pensamentos interrompem o fluxo das palavras, me levando justamente ao estado sobre o qual quero escrever: a insegurança que nos paralisa e nos dificulta a vida.

Todos conhecem essas dúvidas que aparecem em certos momentos, como está acontecendo comigo agora. A pessoa com baixa autoestima é corroída por dúvidas desse tipo com muita frequência ou muita profundidade.

No fundo, a baixa autoestima é somente a exacerbação de um estado interno que afeta a todos de vez em quando, da mesma forma que problemas como ansiedade, depressão e compulsões são exacerbações de sentimentos normais. A depressão, por exemplo, leva a pessoa a se sentir pessimista e a não ver mais sentido nas coisas. Ela não tem vontade de fazer nada, passa a enxergar tudo cinza e pode até pensar em acabar com sua existência sombria. Se pensarmos bem, não ver sentido nas coisas não é um absurdo em si, e muita gente tem dificuldade de responder a essa questão de forma satisfatória mesmo estando perfeitamente bem. Quanto ao pessimismo, é uma postura emocional compreensível, visto que a vida de fato é marcada por riscos e incertezas. Assim, sentir-se vazio, triste e sem ânimo não é algo descabido. A depressão é "apenas" a intensificação extrema desses pensamentos e sentimentos a princípio normais. Uma pessoa com depressão entra em um estado de espírito em que enxerga tudo que é negativo como muito grande e tudo que é positivo como muito pequeno, ou nem sequer enxerga o positivo. Da mesma forma, a baixa autoestima é uma exacerbação na qual a pessoa superestima suas supostas fraquezas e as supostas qualidades alheias, enquanto subestima suas qualidades e as fraquezas alheias. (Também pode ocorrer de ela se superestimar e subestimar o outro, mas falaremos disso mais para a frente.)

O que diferencia uma pessoa autoconfiante de uma pessoa insegura?

A resposta a essa pergunta é simples: a pessoa autoconfiante se aceita *com* suas fraquezas. Já a pessoa insegura ou 1) não aceita suas fraquezas ou 2) superestima suas fraquezas ou 3) vê em si fraquezas que ninguém mais vê. Pessoas inseguras se concentram na escassez, na falta. Enxergam um grande abismo entre o que são e o que gostariam de ser. Na psicologia, chamamos isso de "diferença entre o eu real e o eu ideal".

Por trás desse foco excessivo nas fraquezas reais e imaginadas está um sentimento fundamental que não pode ser descrito com exatidão em palavras, que tem nuances individuais e várias facetas. Trata-se de um sentimento intrínseco de não ser bem-vindo. Uma insegurança profunda quanto a ser amado e aceito. Uma sensação de não poder confiar na própria percepção, na própria avaliação. A pessoa tem também uma sensação difusa de que não gostam dela e se julga incapaz de se defender.

A baixa autoestima fundamental – aquela que não depende do contexto e não é esporádica – afeta toda a vida da pessoa. Em minha opinião, até mesmo todos os distúrbios psíquicos resultam da baixa autoestima, embora muitas pessoas inseguras não desenvolvam um distúrbio psíquico.

Ainda assim a maioria dos inseguros tem uma ou outra habilidade das quais não duvida. Antônio, por exemplo, se sente inibido ao interagir com as pessoas, mas tem plena certeza de que é um bom pai e se sente relaxado e confiante na companhia dos filhos. Camila se considera uma mulher sem graça, mas no trabalho se sente importante e valorizada. Ou seja, mesmo pessoas com baixa autoestima se veem como competentes e bem-sucedidas em certas situações ou em alguma esfera da vida. A segurança ou insegurança depende, é claro, de cada contexto social. É por isso que a figura do chefe desencadeia um estado de alerta maior que um amigo íntimo.

Do mesmo modo, pessoas com boa autoestima também duvidam de si mesmas às vezes.

Como a baixa autoestima se mostra

Estou convencida de que a melhor forma de solucionar um problema é observá-lo por todas as perspectivas e separá-lo em partes. É por isso que abordarei, nesta seção, os principais problemas provocados pela baixa autoestima. Posteriormente veremos como recompor essas partes de modo a criar uma estrutura estável de autoestima.

Além de abordar os problemas gerados pela baixa autoestima, mostrarei também as vantagens que a falta de autoconfiança pode trazer. Sim, veremos os pontos fortes de pessoas pouco seguras de si.

Comecemos pelos problemas. Em geral, eles têm duas dimensões: 1) os sentimentos e as experiências dolorosas que a pessoa com baixa autoestima vivencia e 2) os comportamentos que a pessoa tem em resposta a essas experiências dolorosas e que acabam agravando o problema.

A baixa autoestima causa muito sofrimento, levando a pessoa a viver de forma bem mais desgastante e com menos alegria do que teria se gostasse de si. Tratarei desse ponto em detalhes porque é fundamental ajudar você a tomar as rédeas de sua vida.

É muito importante analisar também o outro lado do problema. Na tentativa de superar seus medos, muitas pessoas inseguras usam de estratégias que prejudicam tanto a elas mesmas como aqueles que as cercam. São consequências negativas que a baixa autoestima pode ter na convivência social. A pessoa insegura, ao se ver como vítima, pode se tornar o agressor.

Acredito que essa não seja uma constatação fácil de digerir, mas é essencial tomar consciência disso se quiser mudar sua situação. Quero encorajar você, portanto, a lidar com suas feridas pessoais e a ter em mente o que você – por autoproteção e sem má intenção – pode causar aos outros.

Confrontar-se com essa perspectiva pode ser doloroso no início, mas no longo prazo é de enorme ajuda para desenvolver uma autoestima saudável. Talvez você ache a minha abordagem um pouco dura, talvez até agressiva. Peço desculpas por isso, mas meu papel aqui não é falar o que você quer ouvir, mas mostrar o que você precisa encarar para conseguir realizar mudanças. Não estranhe, portanto, se nem sempre eu tiver um tom nitidamente acolhedor. Nesses momentos, lembre-se de que estamos nessa jornada de transformação juntos.

Mas antes disso quero lhe apresentar os principais sintomas da baixa autoestima.

Alta sensibilidade para ofensas

Esse é o maior problema das pessoas inseguras. Elas sofreram feridas na infância que nunca se curaram por completo. De certa forma, vivem desde então com uma ferida aberta, que é basicamente uma grande insegurança. Perguntam-se com frequência – de modo inconsciente – se há quem goste delas e se são bem-vindas.

Nenhuma pessoa suportaria, psiquicamente, não ser amada por ninguém. O medo de ser excluído do grupo e do clã é algo primordial do ser humano. E, nas pessoas inseguras, esse é o medo mais profundo. Não muda nada saber que são medos exagerados, pois são crenças difusas e irracionais, e muitas pessoas nem têm consciência da dimensão desse medo. Ele é acompanhado por uma sensação subjetiva de impotência, um medo vago de ser destruído pelo mundo à sua volta. Em outras palavras, essas pessoas têm a sensação de não saber enfrentar a vida, de não conseguir caminhar com as próprias pernas.

Pessoas autoconfiantes também já levaram alguma rasteira da vida, talvez várias. Esse tipo de situação nos tira do eixo, além de despertar dúvidas profundas sobre nós mesmos e o mundo. É mais ou menos assim que as pessoas com baixa autoestima se sentem o tempo todo, apesar de não ser um sentimento constante – isso seria insuportável. Mas esse sentimento é um grande conhecido das pessoas com baixa autoestima, daí se magoarem com facilidade. Elas já contam com a rejeição, por isso se sentem rejeitadas com frequência. Muitas vezes se incomodam com brincadeiras inocentes ou comentários neutros, magoando-se ou se ofendendo. Em conversas com pessoas inseguras, percebo que elas tendem a interpretar, quase automaticamente, atos neutros ou até positivos como negativos e voltados contra elas.

É claro que críticas e ofensas reais acontecem, e ambas são bastante dolorosas para qualquer pessoa. Como as pessoas inseguras têm dificuldade para se defender, não conseguem elaborar uma boa resposta a tempo, e isso faz com que a ofensa demore a ser curada. Muitas não cicatrizam nunca.

Não é difícil imaginar quão desgastante é viver assim. A pessoa insegura vive em alerta para não se mostrar vulnerável, o que demanda muita energia. Acima de tudo, é uma estratégia fadada ao fracasso.

Medo de cometer erros e tomar decisões equivocadas

Pessoas inseguras vivem na defensiva, tomando todo o cuidado para não cometer erros e se destacar de forma negativa. Pessoas autoconfiantes, por outro lado, esforçam-se para alcançar suas metas. Seu foco está mais em seus pontos fortes, não em seus pontos fracos.

Pessoas inseguras são movidas pelo medo do fracasso e pela vergonha. Já pessoas autoconfiantes são movidas pela perspectiva do sucesso – podem até ficar tristes e desanimadas por um tempo, mas as ofensas não as afetam de maneira tão pessoal e profunda. Elas têm medo do fracasso, só não é excessivo.

A baixa autoestima pode ser entendida como uma ferida aberta: se jogarmos sal, vai doer. E fracassos são como um quilo de sal. Em pessoas autoconfiantes, a ferida dos fracassos se cura após certo tempo, portanto elas sabem que vão sobreviver aos reveses da vida e que até aprenderão com eles. Não precisam se concentrar em proteger a ferida crônica que dói o tempo todo, o que lhes permite ser mais livres e corajosas.

A irmã mais nova do fracasso é a crítica, pois basta um comentário desse tipo, justificado ou não, para tornar a pessoa insegura ainda mais insegura. Os inseguros não estão empenhados somente em evitar fracassos, mas em evitar qualquer tipo de crítica.

Por trás da obsessão por não fazer nada errado há um medo profundo da rejeição. De forma inconsciente, pessoas inseguras equiparam um fracasso a um defeito delas. Não foi aquele projeto que naufragou, mas *ela* como pessoa.

O medo de tomar decisões erradas está intimamente ligado ao medo de cometer erros. É o que gera, em pessoas inseguras, dificuldade de tomar uma decisão. Elas ficam avaliando os prós e os contras eternamente, sem sair do lugar. O fato de não confiarem no próprio julgamento só agrava a situação. O medo de errar, de receber críticas e de fracassar as paralisa, impedindo-as de encontrar soluções. Para completar seu bloqueio perante decisões, geralmente não sabem o que querem.

Perfeccionismo

Na tentativa de não serem vulneráveis, pessoas inseguras buscam a perfeição – o que nada mais é que outra forma de evitar erros. A perfeição é o que lhes garante fazer tudo certo. É o que lhes dá segurança. O problema é: existe algo perfeito? Ou melhor, é possível alcançar a perfeição? Não. É uma estratégia fadada ao insucesso.

Além disso, a insegurança não exige a perfeição em uma única esfera: pessoas inseguras precisam ser perfeitas no trabalho, na criação dos filhos, na aparência, etc. Vivem correndo atrás de satisfazer suas exigências sem fim e acabam fatalmente frustradas.

Buscar a perfeição não permite área de manobra. Basta ser imperfeito para se julgar ruim. A insegurança não permite enxergar nuances e gradações – perfeito, muito bom, bom, satisfatório, suficiente, fraco e ruim –, pelo menos na avaliação do próprio desempenho.

Duvidar das próprias capacidades

Pessoas inseguras são torturadas por essa dúvida. Com sua percepção voltada para o déficit, confiam muito pouco em si mesmas. Tendem a enxergar mais o que *não* sabem em detrimento do que sabem. Têm tanto medo de cometer erros e tanta necessidade de perfeição que veem em si defeitos enormes e qualidades insignificantes, o que provoca recorrentes crises de ansiedade durante o período de formação e ao longo da carreira. Chegam a ser afetadas por doenças psicossomáticas, que servem de escape às exigências inatingíveis colocadas sobre si. Essa dúvida crônica pode afetar sua trajetória profissional, pois fogem dos desafios e desistem ou acabam estagnadas aquém de seu potencial, mantendo-se na segurança de onde estão em vez de encarar o tão doloroso medo do fracasso. Há pessoas, por outro lado, que progridem na carreira graças ao medo. Esforçam-se muito para atingir todos os objetivos e se proteger de fracassos. No entanto, apesar das conquistas, não são felizes. Tive um cliente com esse perfil que me disse certa vez: "Alcancei muito sucesso na área profissional, mas sempre motivado pelo medo. Deve haver outra motivação além dessa."

Mais uma breve observação sobre a hipersensibilidade para ofensas: uma pessoa só é altamente sensível nas áreas nas quais duvida de si. A crítica só dói quando atinge a ferida aberta da dúvida. Uma pessoa dificilmente se sentirá ofendida nas áreas nas quais se sente segura. Se você estiver convicto de ser um bom motorista, por exemplo, uma crítica ao seu estilo de dirigir não o afetará. Pelo contrário: você acreditará que o autor da crítica não tem noção das coisas. Uma crítica em uma área na qual a pessoa não tem nenhuma pretensão de desempenho também não terá efeito, o que evidencia que a ofensa depende do que ela pensa de si mesma.

Medo da rejeição

A insegurança gera medo constante de rejeição, um medo que supera todos os outros. Ele surge do fato de a pessoa não se aceitar, vendo cada errinho cometido como uma terrível confirmação de sua insuficiência. Por conta da baixa autoestima, a pessoa não é uma boa amiga para si mesma, pois não gosta de quem é. Sua atitude em relação a si mesma é ambivalente: ela aprova certas características, mas condena outras. Esse comportamento ambíguo a leva a pressupor que também não é aceita pelos outros. E como poderia se sentir aceita pelos outros quando ela própria não se aceita? Na tentativa de aumentar suas chances de ser aceita, se esforça para ocultar seus pontos fracos e evitar erros. De forma inconsciente ou não, é uma maneira de se tolerar melhor, ou melhor, de provar seu valor a si mesma. Receber desaprovação de alguém, não ser amada ou simplesmente ser criticada atinge gravemente a pessoa insegura, já que lhe falta o amortecedor chamado amor-próprio.

Obsessão por harmonia e acesso bloqueado às próprias necessidades

A insegurança leva muitas pessoas a ter obsessão por harmonia e a ocultar sua opinião para evitar conflitos. Isso é um hábito adquirido e treinado na infância. Elas se empenham em satisfazer as expectativas dos outros para agradar ou pelo menos não incomodar. Isso é naturalmente mais fácil quando não se tem grandes desejos ou necessidades próprias, pois poderiam colidir com os desejos e necessidades alheios – é mais fácil recusar o sorvete quando não temos vontade de comê-lo. Não entrar em contato com as próprias necessidades reduz o conflito interno para dizer sim e, consequentemente, reduz o atrito potencial com o outro. Tendo treinado isso desde crianças, muitas pessoas inseguras acabam tendo dificuldade de identificar o que de fato importa para elas. Isso contribui para a dificuldade de tomar decisões.

O outro lado de dizer sim é dizer não – o movimento lateral dos músculos do pescoço de pessoas inseguras é menos desenvolvido. Isso lhes causa muito aborrecimento, pois, apesar de não terem certeza do que querem, costumam saber pelo menos o que *não* querem. Dizer sim apesar de internamente desejarem dizer não (ou talvez) gera muito estresse psicológico, pois assim se colocam em situações nas quais não gostariam de estar e também porque a dificuldade de dizer não costuma gerar sobrecarga. Na tentativa de agradar a todos ao mesmo tempo, acabam se esgotando em compromissos e favores. A dificuldade de dizer não leva também ao sentimento crônico de perda de identidade.

Sentindo-se constantemente sobrecarregadas por essas consequências da baixa autoestima, as pessoas inseguras são mais propensas a doenças físicas e psicológicas.

Ataque como método de defesa

Há também aqueles que reprimem o problema e, em vez de incorporar o papel do bonzinho, seguem a estratégia contrária: ataque em vez de defesa. São pessoas mais inflexíveis nas interações sociais que seus pares obcecados por harmonia, atacando rapidamente quando se sentem ameaçadas. Enquanto os "inseguros bonzinhos" se esforçam para ser gentis e amáveis e não pisar no calo de ninguém, os "inseguros agressivos" estão determinados a lutar. Como se sentem atacados facilmente, tendem a exagerar na reação. Em casos extremos, sua prontidão para se defender chega a agressões verbais ou até mesmo físicas.

No entanto, mesmo essas pessoas com tendência mais agressiva também sentem uma pressão interna para se adequar às expectativas alheias e agradar a maior quantidade de pessoas possível. Também se sentem sufocadas pelas expectativas reais e aparentes que as cercam. E se mostram desconfortáveis em recusar algo a alguém. Mas, como se decidiram pela defesa de seus limites pessoais, conseguem dizer não com mais frequência. A questão é que esse não soa mais ríspido do que o necessário.

Além das condições de desenvolvimento durante a infância, o temperamento inato de cada um determina se a pessoa insegura vai tender para a harmonia ou a agressão. Os inseguros agressivos costumam ser impulsivos e sofrer após os surtos de agressividade, pois têm consciência de que se excederam. Mas é muito difícil para eles domar seu temperamento.

Indivíduos que tendem a reagir à insegurança com agressividade não se esforçam tanto para agradar a todos. Às vezes, o medo da rejeição se manifesta de modo inverso: *eles* rejeitam os outros. Esses indivíduos privilegiam a tática do "atacar antes de ser atacado". Costumam dizer que as pessoas não lhes interessam – que não querem contato com os colegas de trabalho, da faculdade, etc., porque "são todos idiotas". Tal como a raposa na fábula das uvas, se convencem de que as uvas estão verdes ("Eu nem queria mesmo"), ou seja, não vale a pena tentar superar as próprias inibições por causa daquelas pessoas. Fazem aumentar sua autoestima instável por meio da desvalorização dos outros. É o contrário do mecanismo de pessoas inseguras orientadas para a harmonia e para o equilíbrio, que geralmente valorizam os outros acima de si mesmos. (Ainda assim, tendem a ter um olhar bastante crítico em relação aos outros, mas falaremos disso mais adiante.)

Aqueles que se defendem por meio do ataque não causam uma impressão de insegurança. Pelo contrário, a prontidão em atacar faz com que pareçam bastante seguros de si. Em alguns casos, essa estratégia de autodefesa já está tão enraizada que eles nem sabem que têm problema de autoestima.

Cabe ressaltar que não é raro uma mesma pessoa usar ambas as estratégias de defesa. Dependendo da situação e do dia, ela reage de forma mais agressiva ou se contém e permanece calma, pelo menos exteriormente. E, dependendo do que acontece, sente-se superior ou inferior aos outros. Pessoas seguras de si, por outro lado, costumam se sentir iguais aos outros na maioria das situações. As categorias "superior" e "inferior" não fazem muito sentido para elas.

Sensação de ter pouca influência nos acontecimentos

Um dos problemas fundamentais de pessoas inseguras é a crença de ter pouca influência nos acontecimentos. Na psicologia, chamamos isso de "baixo lócus de controle interno". Pessoas inseguras se enxergam como pouco assertivas e acham que suas palavras e seus atos têm pouca influência nos outros. Isso reforça sua aversão a conflitos. "Não adianta nada" é o que sentem quando se trata de defender os próprios interesses. Elas duvidam de sua capacidade em tarefas que demandam desempenho e acreditam que têm pouca influência no resultado. Seu baixo lócus de controle interno faz com que frequentemente sintam que a vida apenas acontece, e não que elas a estão construindo de forma ativa. Isso também se dá pelo fato de que preferem esperar pelo desenrolar das coisas a estabelecer metas e remover obstáculos do caminho. A crença em seu fraco poder faz com que desperdicem oportunidades de exercer grande influência nos eventos. O problema é que nem se permitem dar sua opinião. Ou, no caso dos inseguros agressivos, falam de uma forma que gera muita resistência no outro.

Tendo em vista que duvidam de sua habilidade em muitas áreas, pessoas inseguras perdem oportunidades profissionais ou trabalham duro para compensar suas inseguranças por meio do perfeccionismo. Curiosamente, porém, as conquistas não as curam. Estudos comprovaram que pessoas com um baixo lócus de controle interno tendem a atribuir o sucesso a circunstâncias externas. Após uma conquista pessoal, avaliam que tiveram sorte ou que era uma tarefa simples. Ou seja: desvalorizam as próprias realizações. Pessoas confiantes, por outro lado, atribuem uma conquista à própria capacidade e se parabenizam por isso.

A razão para essas avaliações distintas é o fato de que todo mundo atua no sentido de interpretar as coisas de modo coerente com sua autoimagem. Mas por que se agarrar a uma autoimagem negativa? Simplesmente porque estão convencidos disso. Não acreditam em si. Além disso, o pessimismo cumpre a função de protegê-los de altos voos para que a queda não seja ainda maior. Agarrar-se à autoimagem negativa é, portanto, uma maneira de privilegiar a segurança. Essas pessoas estão preparadas para quebrar a cara a qualquer momento.

Autoconfiantes e inseguros não processam somente as experiências de sucesso de forma diferente, mas também as de fracasso. Estudos mostraram que pessoas com boa autoestima se concentram em seus pontos fortes após um fracasso, para compensá-lo. Seu processo de reestruturação interna envolve refletir sobre os erros que cometeram e como podem evitá-los no futuro, além de direcionar a atenção às suas habilidades e refletir sobre o que podem fazer de bom. Já as pessoas inseguras se demoram na reflexão a respeito de seus pontos fracos e dos erros cometidos, o que dá muito mais vazão aos sentimentos negativos.

Uma última palavrinha sobre o lócus de controle interno: a dúvida profunda sobre a possibilidade de influenciar os acontecimentos com palavras e ações gera um sentimento de impotência em pessoas inseguras. A impotência é, portanto, uma condição fundamental das pessoas inseguras, e esse estado pode abrir caminho para a depressão. Tratarei em detalhes dessa questão no capítulo "Quero sair dessa situação!".

Duvidar dos próprios direitos

Quando alguém sofre de profunda insegurança, sempre duvidando de seu valor, julga não saber se afirmar e se impor, e também duvida de ter direito a fazer isso. A insegurança costuma levar as pessoas a questionar até mesmo se suas necessidades e reivindicações são justificadas. Essa "insegurança sobre seu direito" dificulta imensamente a assertividade e a capacidade de raciocínio rápido. A sensação de não serem boas o suficiente abre muito espaço para ataques por parte dos outros. Pessoas inseguras obcecadas por harmonia deixam-se assediar por não conseguirem impor limites, especialmente em relacionamentos amorosos. Caso escolham um parceiro ou parceira que não se comporte, acabam indiretamente permitindo ofensas e desvalorização, pois não conseguem frear as agressões.

Ainda na esfera romântica, a baixa autoestima tem dois efeitos:

- Nubla a consciência das próprias qualidades e infla a certeza dos próprios defeitos, o que dificulta que a pessoa desenvolva uma estrutura estável de autodefesa e de exigência de seus direitos.
- Provoca na pessoa um grande medo de perder o parceiro ou parceira, pois isso significaria a humilhante confirmação de sua insuficiência.

De tudo isso decorre um problema substancial: as pessoas inseguras não têm confiança para viver sozinhas. Ou têm medo de não encontrar um novo parceiro ou parceira por causa de seu baixo "valor de mercado". Sentem-se mais dependentes do outro do que pessoas confiantes, pois acreditam que precisam dele para ficar bem. O medo da rejeição – nesse caso, de abandono – muitas vezes faz com que se submetam a um relacionamento abusivo ou corram o risco de chegar a esse ponto, sobretudo quando dependem de companheiros que as tratam mal. Há também aqueles que, ao contrário, acabam não se relacionando para evitar o risco de dependência excessiva – vemos, nesse caso, a baixa autoestima como causadora do medo de compromisso.

Culpa e vergonha

Observo que pessoas com baixa autoestima tendem a se culpar excessivamente por erros, falhas, fracassos, etc., o que as leva a sentirem que têm pouco valor. É comum se culparem inclusive em situações em que objetivamente não haveria motivo, isto é, elas assumem responsabilidade pelo comportamento alheio. Se o parceiro ou parceira está de mau humor, por exemplo, logo se perguntam o que fizeram de errado. Se um colega de trabalho as critica, sentem-se envergonhadas em vez de se questionar se é uma crítica justificada ou não.

Culpa e vergonha são quase um reflexo de sua personalidade, resultando de um estilo de criação cujo objetivo (inconsciente) é justamente incutir esse tipo de sentimento. As crianças aprendem, nesse caso, que o bem-estar dos pais depende de seu comportamento. A mãe, por exemplo, se mostrava triste quando a criança tirava uma nota ruim na escola ou o pai mostrava nítida decepção quando a criança mentia. A culpa em especial está sempre ligada visceralmente a experiências da infância.

Resignação e pouco entusiasmo pela vida

A sensação de não ter valor, não ter quase direitos e ter pouca influência no mundo pode gerar um sentimento de resignação frequente ou, no pior dos casos, constante. A baixa autoestima e o estado depressivo estão intimamente ligados. Como expliquei na Introdução, a baixa autoestima também se manifesta como uma forma de viver. Com maior frequência, tais pessoas são desanimadas e se queixam de pouco entusiasmo pela vida. Não gostar de si mesmo e proteger-se constantemente de supostos ataques demanda um gasto enorme de energia. Essa falta de energia ou baixa alegria de viver torna o indivíduo mais propenso a doenças e dores. Muitos deles são psíquica e fisicamente menos resilientes, pois a vida em si já lhes exige muita força. Em alguns casos, a resignação se instaura especialmente depois de vivenciarem repetidos fracassos e decepções. Assim, desistem de lutar mais depressa que pessoas confiantes.

Viver a vida de outra pessoa

O sentimento de resignação e de pouco entusiasmo pela vida geralmente é acompanhado pela sensação de "levar uma vida que não me pertence". Como tendem a viver na defensiva e têm dificuldade de estabelecer metas, as pessoas inseguras facilmente se desviam do caminho da autodeterminação. Sua trajetória é determinada por acasos ou ofertas que lhes foram feitas e que aceitaram – para fins de autoproteção – sem se perguntarem se era de fato o que desejavam.

A profissão, por exemplo, pode ser de determinada pelos pais. Muitos clientes meus gostariam de ter seguido uma carreira bem diferente, mas não tiveram coragem de contestar o que lhes foi imposto na época. Isso está intimamente ligado ao medo do fracasso. Um cliente meu queria ter estudado música, mas não o fez porque os pais o dissuadiram de escolher algo que supostamente não dava dinheiro e o convenceram a ser bancário. Ele não teve a confiança necessária para insistir em sua escolha, pois questionava o próprio talento. Em uma de nossas sessões, ele observou laconicamente: "Hoje estou em um lugar de segurança e estabilidade, mas infelizmente é o lugar errado para mim." Além de duvidarem das próprias capacidades, outro fator que tende a desviar pessoas inseguras do seu caminho é o contato mais frágil com seus desejos e sentimentos, bem como a dificuldade de tomar decisões.

Medo de perder o controle

Pessoas inseguras têm pouca confiança em si, nos outros e na vida. Seu lema é: confiança é bom, mas controle é melhor. Ficam de olho em tudo à sua volta e tomam cuidado com o que falam e a quem falam. Controlam as próprias palavras, reações e risadas. Muitas vezes são pessoas tensas nos âmbitos profissional e pessoal. Também podem ter dificuldade de se soltar no tempo livre. Uma cliente de 42 anos que gosta de vinho me contou que nunca havia ficado bêbada por medo de se comportar de modo descontrolado.

Para quem tem baixa autoestima, o medo está à espreita o tempo todo e em toda parte. Por essa razão, muitos se prendem a rotinas rígidas que lhes dão segurança. Relutam em traçar novos caminhos. Sentem-se mais seguros quando podem calcular exatamente os riscos de antemão. A sensação de não ter capacidade de se defender e de não estar preparadas para a vida muitas vezes se expande para situações que aparentemente não têm nada a ver com a baixa autoestima. O medo de viajar ou de estar em lugares estranhos, por exemplo, está ligado à sensação de não ter um chão firme sob os pés e de não conseguir se afirmar.

Preocupações exageradas com a saúde também resultam de uma sensação extrema de vulnerabilidade, inclusive do próprio corpo, bem como medos existenciais difusos. Por fim, muitos medos existenciais podem ser atribuídos à baixa autoestima. Em regra, tais temores são combatidos por meio de medidas de segurança elevadas; e por isso muitas dessas pessoas sentem uma necessidade compulsiva de ter tudo sob controle.

Aversão por si mesmo

Duvidar dos próprios gostos, personalidade e preferências é algo tão profundo para algumas pessoas que elas desenvolvem ódio e aversão por si mesmas, tanto por não ser tão boas como por fracassar. E isso leva à autossabotagem. Comportamentos autoagressivos e autodestrutivos garantem, inconscientemente, que tenham uma vida sem sucesso e infeliz e que ainda comprovem sua autoimagem miserável. A autodestruição nem precisa ser tão óbvia como no caso de dependentes químicos, podendo ocorrer também em níveis mais sutis, como por meio de uma insatisfação crônica com as próprias escolhas e as condições de sua vida. Independentemente do trabalho que exerçam, do parceiro que tenham, de onde morem, essas pessoas nunca estão satisfeitas. Quase sempre e de forma inconsciente, focam o ruim e o problemático em si e em sua vida. Com sua percepção orientada para o déficit, atraem a infelicidade para si mesmas. Inconscientemente, não querem mesmo ser felizes – não merecem o bem-estar, pois são muito ruins nessa área. Em seu íntimo, duvidam de seu direito de existir e são torturadas diariamente por sua visão de mundo negativa.

O ódio contra si surge por meio de relações disfuncionais com os pais, que abordarei com mais detalhes em capítulos posteriores.

Medo de mudanças

A autoestima frágil costuma levar as pessoas a adquirir estratégias e convicções que as ajudam a passar pela vida de maneira mais ou menos incólume. Afinal, a vida no planeta Insegurança é perigosa. Tal como o protagonista do Prólogo, muitos outros habitantes desse planeta estão convencidos de que não há outro modo de seguir em frente. Alguns têm orgulho de suas estratégias, de seu faro para agressores e de estarem sempre alertas – tal como o personagem do Prólogo se orgulha de seu manto de invisibilidade. Ao olhar da insegurança, pessoas confiantes são arrogantes e imprudentes. As estratégias que a insegurança leva as pessoas a desenvolver para não ser feridas e aniquiladas lhes fornecem orientação, proteção e segurança.

Continue lendo mesmo assim!

Não é minha intenção privar ninguém da sensação de proteção e orgulho. As pessoas inseguras passaram a infância e a juventude em um ambiente no qual suas estratégias faziam sentido. Não estou dizendo que elas não tenham tido razão em alguns pontos. O pessimismo e a desconfiança podem ser mais realistas e adequados que a confiança e o otimismo. Além disso, nossa própria percepção do ambiente e do potencial de perigo é o único critério que temos disponível. Então como você poderia acreditar em mim quando digo "Há outra forma de lidar com tudo, o mundo lá fora não é tão perigoso quanto você acha!", se suas experiências até hoje contradizem isso por completo?

Questionar crenças e mecanismos de defesa que utilizamos há anos dá medo. Temos medo, por exemplo, de reconhecer que podemos ter visto ou avaliado algo de forma errada. Poucas coisas são tão ameaçadoras quanto não confiar em nossa própria percepção e em nosso próprio julgamento. É o único sistema de navegação que temos para a vida!

Se tenho abaladas minhas crenças de longa data e minha autoproteção testada e comprovada, preciso de novas crenças e novas estratégias para substituir as antigas. Caso contrário, não terei mais nada que me sirva de bússola para o cotidiano.

A mudança assusta, às vezes a tal ponto que preferimos deixar as coisas como estão. Em nossa vida antiga, pelo menos sabemos como navegar. Pode não ser ideal e nos fazer sofrer, mas quem sabe o que aconteceria se mudássemos? Talvez tudo piore. Se estou convencida, portanto, de que tenho muitos pontos fracos e que preciso me proteger, não abrirei mão dessas crenças enquanto não acreditar de fato em algo novo. Mas você não estaria com este livro na mão se não quisesse ao menos tentar.

Você não precisa mudar totalmente suas crenças para se tornar mais forte, pois se trata mais de uma renovação, uma atualização das convicções e dos mecanismos de proteção que você vinha usando até agora. Digo "atualização" pois se trata de adequá-los à vida adulta. Muitas das estratégias de autoproteção faziam sentido no passado, na infância. Hoje podemos recorrer a outras medidas mais adequadas à idade adulta.

Estou empenhada em lhe oferecer muitos recursos para que você possa atualizar suas convicções e comportamentos, mas, no fim, é você quem decidirá se minhas instruções são convincentes e se gostaria de substituir algumas atitudes antigas por novas.

"Não tenho problema de autoestima!"

Até aqui, minhas observações se dirigiram basicamente às pessoas que têm consciência de sua insegurança e que sofrem com isso. Há, porém, quem não tenha consciência de que seus problemas advêm da baixa autoestima.

Essas pessoas podem ter personalidade narcisista, de que tratarei em pormenores mais adiante. Ou então apenas estão satisfeitas com seu modo de agir em muitas esferas da vida e apresentam meramente um ponto cego na autorreflexão. Sentem-se mais seguras de si e não experimentam os problemas mencionados anteriormente ou os vivenciam de forma leve. Aparentemente seus problemas são outros, como crises de pânico, problemas de relacionamento ou medos difusos. É comum que se sintam perplexos quanto à origem desses medos e problemas. Ou associam suas atribulações e sua trajetória de vida pessoal, mas não compreendem o real motivo: a autoestima abalada. Sofrem de baixa autoestima *parcialmente*, não de forma essencial. "Parcialmente" significa que só uma *parte* de sua psique não se sente segura mas é compensada de forma eficaz. Pessoas desse perfil costumam ser bem-sucedidas profissionalmente, têm um círculo de amizade fiel e se sentem fisicamente atraentes. Somente após explorarem dentro de si percebem, surpresas, que uma camada mais profunda está oculta sob a autoconfiança que sentem.

Nessa camada mais profunda se encontra a parcela que sofre de inferioridade. Lá podemos encontrar, por exemplo, uma "menininha medrosa" que não tem confiança para andar com as próprias pernas e por isso tem crises de pânico quando se encontra em situações desconhecidas. Ou um "menino feio" que está convencido de que não conseguirá conquistar nenhuma menina e por isso desenvolve aversão a compromisso. Mas, como adultos, a menina medrosa de outrora é uma mãe e dona de casa bem-sucedida que sabe se afirmar muito bem e o menino feio de antigamente é um empresário durão e atraente. Ele afastou o menino feio de sua consciência por meio dos esportes e do sucesso profissional, assim como a dona de casa reprimiu a menininha medrosa ainda existente dentro dela. Em um nível inconsciente, tanto a menina medrosa quanto o menino feio atuam neles – são os responsáveis pelas crises de pânico e pela aversão ao compromisso, respectivamente. Esses sintomas são somente exemplos para ilustrar o tema.

Vemos os chamados "problemas de autoestima ocultos" em quem sofre parcialmente de baixa autoestima. Essas pessoas têm a percepção de ter uma autoconfiança saudável e não estão tão erradas, por isso ignoram o "passageiro clandestino" em sua alma, esse "intruso" inseguro que lhes causa transtornos. No caso dos narcisistas, as coisas são diferentes: trata-se de um autoengano quando eles afirmam não ter problemas de autoestima, pois ela é fundamentalmente frágil.

Quando pessoas afetadas parcialmente por baixa autoestima reconhecem o problema, conseguem trabalhá-lo bem. Este livro oferece muita ajuda nesse sentido, mas, como elas provavelmente não se identificarão com o título, é provável que nunca o leiam.

Implicações na convivência: os verdadeiros pontos fracos das pessoas inseguras

Veremos agora os problemas que geralmente são provocados por baixa autoestima e não são reconhecidos tão claramente, em comparação com os supostos pontos fracos e erros que as pessoas inseguras julgam ter ou fazer.

A insegurança provoca uma autopercepção distorcida. Em virtude de um medo profundo de não serem amadas ou de uma incapacidade (ao menos parcial) de gostarem de si mesmas, essas pessoas se sentem muito vulneráveis. Em geral, gastam muito tempo remoendo problemas e calculando as reações dos outros. Esforçam-se para satisfazer da forma mais perfeita possível todas as expectativas que lhes são colocadas e, nesse empenho de agradar, perdem de vista as próprias necessidades.

Mas como desejos, carências e anseios reais não podem ser totalmente reprimidos, no fim das contas até os inseguros querem satisfazê-los. Uma demanda que tem papel central aqui é a necessidade de reconhecimento – e não somente dos outros, mas, acima de tudo, de si mesmo. Em geral, pessoas inseguras se esforçam para provar a si mesmas e aos outros que têm, sim, valor. Não raro isso leva a uma contabilidade dupla: por um lado, estão sempre prontas para admitir impiedosamente suas deficiências; por outro, fazem de tudo para se proteger. Isso leva a artifícios para evitar encarar verdades desagradáveis.

Pelo que vejo em minha experiência, muitas pessoas inseguras lutam na linha de frente errada: concentram-se nos pontos fracos que, vistos de fora, não são reais ou são fáceis de contornar. Já as possíveis fraquezas reais, costumam ser varridas para debaixo do tapete da consciência.

Vitimização

Muitas vezes, as pessoas inseguras tendem a se ver como vítimas, em virtude do desamparo que sentem. A insegurança lhes incute o sentimento de inferioridade, ou, dito de outro modo, a percepção distorcida do outro como um ser superior. Julgando-se incapazes de defender os próprios interesses, por medo de rejeição e por aversão a conflitos, permanecem presas em situações dolorosas e fazem coisas que não desejam fazer. Em seguida, culpam a si mesmas e culpam ainda mais a pessoa supostamente mais forte, pela qual se sentem dominadas. Autodenominam-se vítimas, não percebendo, entretanto, que se submetem voluntariamente ao outro. Paradoxalmente, isso também se aplica aos inseguros agressivos, que, apesar de conseguirem se defender, culpam o outro por *precisarem* se defender e se irritam com a pressão internalizada das expectativas alheias.

A vitimização leva muitos (não todos!) inseguros a não reconhecer sua responsabilidade no curso das coisas, atribuindo ao outro a culpa pelos seus problemas interpessoais. Isso é, em parte, resultado de sua aversão a conflitos: não conseguindo assumir posições claras, isso gera mal-entendidos, já que têm a percepção errada de que o outro deveria saber o que querem e o que não querem. Ou acham que uma mera sugestão cuidadosa significa que defenderam claramente sua opinião. Os inseguros agressivos, que na verdade também não gostam de conflitos, não raro se irritam de modo desproporcional – em reação a um comentário relativamente inofensivo ou a uma pequena indiscrição do outro –, mas não dizem o que de fato os incomoda. De um modo ou de outro, temos aí a dificuldade de elaborar as intenções de forma calma e adequada, somada à expectativa difusa de que o outro deveria adivinhar ou conhecer seus desejos. E quando o outro não o faz e age de acordo com uma suposta concordância da pessoa insegura – já que ela não disse não, pelo menos não em voz alta –, ela o culpa e o torna responsável por sua infelicidade.

A princípio, esse tipo de atitude soa paradoxal, afinal de contas, as pessoas inseguras tendem a duvidar de si mesmas. Mas esse é apenas um lado da moeda. Quem tem baixa autoestima evita assumir responsabilidade, pois isso criaria ainda mais insegurança. Responsabilizar o outro é muito mais útil para a autoestima. O mesmo vale para outras esferas da vida: não raro a dúvida quanto à própria capacidade faz com que a pessoa insegura não se esforce o suficiente para alcançar uma meta. Talvez nem estabeleça metas claras, a fim de evitar decepções. Ou se sente sem rumo internamente, pois não tem desejos claros que a orientem. Consequentemente, algumas dessas pessoas ficam estagnadas aquém de suas capacidades, ou até desistem de muitas coisas – o que às vezes faz com que tenham inveja daqueles que as ultrapassam. Novamente, tendem a atribuir a culpa por esse "fracasso" às circunstâncias externas ou aos outros. Gostam de reclamar das pessoas "agressivas e inescrupulosas" que correm atrás de seus objetivos "implacavelmente", enquanto elas mesmas se autodeclaram boas demais para isso. Em outras palavras, o medo do fracasso pode fazer com que distorçam a aversão a conflitos e o baixo espírito de combate, fazendo passar por harmonia e bondade.

Rancor e satisfação com a dor alheia

Mais um problema que surge da sensação de ser vítima: uma relação ambígua com o outro supostamente mais forte. A insegurança leva a pessoa a responsabilizar o mais forte por seus sentimentos de fraqueza e inferioridade. Por não elaborar sua aversão a conflitos, culpa o "mais forte" por sua dominância, na maioria das vezes de modo inconsciente. Inseguros têm mais dificuldade de se relacionar de forma gentil com seus pares, pois o sentimento de inferioridade tende a levar a sentimentos como desconfiança, inveja e competitividade.

Muitos, porém, não aceitam tais sentimentos. De acordo com o que vejo em minha experiência, as pessoas com baixa autoestima acusam a si mesmas de todas as imperfeições que ninguém além delas percebe ou que pouco incomodam, mas não enxergam os problemas que muitas delas (não todas!) de fato têm. Enfatizam o desejo por harmonia, ignorando que não é um desejo genuíno, e sim decorrente da aversão a conflitos.

A dificuldade de amar o próximo deriva da falta de amor-próprio, pois quem não ama a si mesmo não tem muito amor para dar.

Geralmente, tratamos os outros da mesma forma que tratamos a nós mesmos. Uma pessoa que vê a si própria de maneira muito crítica tende a ser muito crítica também com todos à sua volta, em comparação com aquele que se aceita como é. Consequentemente, ela admira os "mais fortes" enquanto se concentra nos pontos fracos ao olhar para dentro. Pode acabar se tornando mesquinha, pois não sabe ser generosa consigo. Com o objetivo de ficar em pé de igualdade, desvaloriza o mais forte e sente alívio ao vê-lo sofrer.

Desonestidade

Como vimos, pessoas inseguras costumam viver na defensiva. Esforçam-se para ocultar suas supostas fraquezas aos olhos do mundo e sobreviver ao contato com os outros de modo incólume. Às vezes, isso faz com que não lidem com o outro de forma sincera, em dois sentidos: por um lado, mantêm certa distância por contemplarem o outro internamente de forma crítica; por outro, têm dificuldade de se abrir ou se abrem apenas parcialmente.

Aqueles que têm obsessão por harmonia são especialmente cautelosos em suas observações, o que torna difícil identificar seus pontos de vista e chegar a uma avaliação correta do seu posicionamento. Costumam não se manifestar quando algo não lhes agrada. A raiva se volta para dentro enquanto por fora permanecem calmos. Tais pessoas reprimem seus pontos de vista ou os exprimem de forma bem diplomática, sobretudo no plano das relações – já que suas necessidades, seus desejos e seus posicionamentos poderiam incomodar o outro. Conseguem discutir de modo mais livre em assuntos meramente técnicos, contanto que não vejam risco de sua opinião esbarrar em conflito.

O que está por trás de tal moderação é o medo de serem rejeitadas e de não conseguirem se defender caso a situação se complique. Sob o medo constante de acabarem em uma posição inferior, elas têm muito medo de ser feridas. Essa reserva, porém, pode levar a certa desonestidade. Às vezes meus clientes reclamam do comportamento da "melhor amiga" ou do "melhor amigo" sem que jamais tenham abordado seu ressentimento de forma aberta com eles. Eu lhes pergunto, então, o que o amigo ou a amiga diria se fossem uma mosquinha e escutassem aquela conversa. Normalmente os clientes reagem com arrependimento e dizem que seria um choque para eles.

Isso não quer dizer que pessoas inseguras tenham um problema de caráter. O que acontece é que seus medos e preocupações podem fazer com que se comportem de maneira duvidosa. Só que essa estratégia de guardar os sentimentos ruins para si pode desgastar muito a amizade ou o relacionamento amoroso no longo prazo. A raiva acumulada não se dissipa, apenas endurece com o tempo, podendo levar ao término do relacionamento (mesmo não tendo havido nenhuma discussão) ou a um ataque de fúria súbito, o que desgasta a relação muito mais do que uma conversa no momento certo para esclarecer possíveis desentendimentos. A extrema necessidade de harmonia das pessoas inseguras pode poupar a relação agora, mas destruí-la no longo prazo.

Naturalmente, encorajo meus clientes a abordar a questão a tempo, pois só assim o outro tem a chance de esclarecer o mal-entendido ou de se desculpar. De uma forma ou de outra, só assim se pode desanuviar a relação. Veremos como abordar um problema ou conflito de forma adequada no capítulo "Quero sair dessa situação!".

A maneira de agir dos inseguros agressivos é um pouco diferente. Pessoas com esse perfil se sentem agredidas e ofendidas de forma vertiginosamente rápida. Logo começam a partir para o ataque, sendo que o outro nem sabe o que disse ou fez de tão errado. Esse tipo de atitude, é claro, não contribui em nada para a relação. Inseguros agressivos têm dificuldade de formular abertamente suas necessidades e acabam explodindo por banalidades. Falar abertamente sobre suas intenções os levaria a uma posição de vulnerabilidade, da qual têm tanto pavor quanto inseguros obcecados por harmonia têm pavor de conflito. A maioria dos inseguros agressivos tem total consciência de seu problema e sofre muito com isso. Já recebi vários clientes que chegaram com o desejo de controlar a impulsividade.

Também veremos isso mais adiante.

Dissimulação, atribuição de culpa e resistência passiva

Tendo em vista que pessoas inseguras geralmente têm problemas de comunicação, esse tema costuma causar desconforto. Caso as palavras a seguir se apliquem a você, não deixe o livro de lado. Por mais difícil que seja, tenha coragem de encarar seus problemas, pois só assim você poderá resolvê-los. Caso você não se reconheça na descrição a seguir, é porque sua insegurança não prejudica sua comunicação. Mas mesmo assim você poderá se beneficiar das minhas observações, pois abrirão seus olhos para algumas pessoas com as quais você provavelmente convive.

Como vimos, um grande problema das pessoas inseguras é a falta de transparência. Elas pisam em ovos na tentativa de equilibrar seus esforços de autoproteção com a ânsia de agradar o outro – sendo que essa intenção de agradar está ligada a si mesmas, pois o objetivo é proteger seu eu vulnerável. Elas não se perguntam "O que é razoável?", e sim "Qual a melhor forma de me proteger?". Essa tática defensiva leva a ruídos na comunicação.

Além disso, muitas pessoas inseguras têm dificuldade de assumir responsabilidade por seus atos e suas palavras. Talvez você se sinta indignado ao ler isto, pois acredita que assume responsabilidade até demais. Pode ser que sim, mas costuma ser algo meramente aparente. Não dão sua opinião para evitar brigas e não magoar ninguém, mas, ao fazerem isso, estão protegendo a si mesmas em primeiro lugar. Caso fossem mais sinceras e honestas ao expor o que pensam e sentem, o outro compreenderia melhor seus pontos de vista e a situação que foi criada. Mas, para isso, seria preciso assumir a responsabilidade pelos próprios desejos, necessidades, pensamentos e sentimentos, o que abriria as portas para o perigo de rejeição ou de crítica.

É por isso que muitas pessoas com baixa autoestima privilegiam táticas defensivas na comunicação:

- Omitem sua opinião, suas necessidades e seus medos
- Atribuem culpa indevida ao outro
- Oferecem resistência passiva, erguendo muros em torno de si

Susana vai regularmente à academia, onde conhece Joana. As duas conversam bastante e aparentemente se dão bem. Susana, que tem baixa autoestima, vê Joana como uma pessoa forte e autoconfiante. Além disso, acha Joana bonita e divertida – coisas que ela julga não ser. A autoconfiança, a beleza e o humor de Joana desencadeiam sentimentos de inferioridade e um pouco de inveja em Susana, que se consola com o fato de ter um emprego melhor.

Internamente, Susana tem um comportamento ambíguo em relação a Joana: por um lado, ela a acha muito simpática e engraçada, mas, por outro, a presença da amiga faz com que ela se sinta insuficiente. Susana culpa Joana (e não a si mesma) por se sentir assim, mas Joana não tem a menor ideia de como Susana se sente a seu respeito.

Por gostar de Susana, um dia Joana sugere que saiam à noite no fim de semana. Essa sugestão desencadeia resistência em Susana: ela tem medo de parecer sem graça ao lado da linda e engraçada Joana (sendo que não tem motivo para isso, objetivamente falando, mas a baixa autoestima não é algo objetivo). Susana não quer revelar suas inseguranças, mas também não quer recusar o convite para não desagradar Joana, então dá uma resposta genérica, torcendo para que isso adie a questão por um bom tempo: "Claro, vamos sair sim, só não vou poder nos próximos fins de semana." Ou seja: não disse que sim nem que não.

Algumas semanas depois, Joana (que não faz ideia dos dilemas internos de Susana) repete o convite. Agora Susana está em uma sinuca de bico, pois, se recusar de novo, Joana vai ficar chateada. Então ela aceita, apesar de querer dizer não. Joana então sugere um evento específico e Susana demonstra estar animada, mas por dentro está irritada, torcendo para que algo aconteça e impeça o encontro. Sua ambivalência em relação a Joana está ainda mais forte, pois ela a "forçou" a sair. Susana fica com raiva por Joana ter sido tão insistente mesmo depois de ela ter "sido clara" sobre não querer ir.

No dia do encontro, Susana se sente vulnerável e bastante insegura, ainda mais por estar com uma espinha feia no queixo. Seu ódio interno por Joana só faz crescer. Ela fica com muita dor de cabeça à tarde e usa isso como desculpa para cancelar o encontro.

As três estratégias estão representadas nesse exemplo: se Susana tivesse revelado a Joana seu temor de se sentir apagada ao lado dela, Joana poderia ter compreendido e elas teriam conversado sobre insegurança. Essa resposta positiva provavelmente as aproximaria, enquanto o silêncio de Susana as distanciou.

Susana culpa Joana por seu dilema. Não percebe que é *ela* que se sente inferior e por isso não é sincera. Joga sua responsabilidade sobre Joana, pela qual se sente "coagida" e de quem acaba sentindo raiva.

Susana dissimula seus sentimentos, pois não consegue ser sincera. Esse tipo de agressão passiva pode ser chamado de construção de muros. Doenças psicossomáticas como as dores de cabeça de Susana não são raras, comunicando um "não" que não pôde ser expresso em palavras – e sem assumir responsabilidade por isso. A resistência passiva é uma tática para não fazer algo que o outro espera ou demanda sem declarar a recusa abertamente. Atrasar-se, enrolar, não retornar o contato, não falar e esquecer coisas ou recados são estratégias típicas da resistência passiva. O outro pode falar e pedir que regras e acordos mínimos sejam respeitados, mas se a pessoa exerce uma resistência passiva, vai consentir de boca e não fazer nada de fato.

O exemplo a seguir é um pouco mais dramático – só a minoria das pessoas inseguras chega a esse ponto –, mas esta história pode ajudar a ilustrar a questão.

Henrique e Artur são engenheiros de software e trabalham juntos em um escritório. Henrique é autoconfiante, uma pessoa alegre e falante, enquanto Artur tende a ser mais quieto. Artur morre de medo do fracasso e faz de tudo para não cometer erros no trabalho (e em nenhum outro lugar). O hábito de Henrique de ficar de conversinha durante o trabalho é extremamente irritante para Artur, mas ele não tem coragem de falar sobre isso. Artur se irrita tanto com a falação de Henrique porque nunca lhe pediu com delicadeza que falasse um pouco menos (o que talvez Henrique compreendesse). Assim, Artur acumulou muita raiva dentro de si.

Não é só a tagarelice de Henrique que aborrece Artur, mas também o jeito tranquilo do colega, que, na opinião de Artur, agrada mais à chefe que seus modos um pouco desajeitados. Pessoas como Henrique sempre foram uma pedra no sapato para Artur, que se sente inferior ao lado delas. Só que ele não tem a menor consciência disso. Acha simplesmente que Henrique gosta de ofuscar os outros, e é por essa razão que faz pequenos atos de sabotagem contra ele de tempos e tempos: "esquece" de dar o recado quando um cliente importante liga para Henrique, oculta uma informação crucial ou faz um pequeno comentário áspero sobre Henrique para os colegas.

Henrique nem imagina o que acontece com Artur e acha que está tudo bem. No máximo, fica momentaneamente chateado quando Artur esquece de lhe avisar as coisas. Um dia, Henrique comete um erro significativo no trabalho e pede ajuda a Artur, que aparentemente é solícito. Ele analisa o que Henrique fez, encontra o erro, não o corrige e ainda acrescenta outro sem que ninguém perceba. Diz a Henrique que não conseguiu identificar o problema. No dia seguinte, há uma pane total no software, e agora Henrique se encontra em maus lençóis. Por dentro, Artur se deleita em ver que "o exibido" está sentindo na pele como é ser um fracassado.

Artur "processa" seu medo de rejeição de uma forma bastante maliciosa. É um exemplo extremo que mostra com clareza como o sentimento de inferioridade pode inverter a relação vítima-agressor. Objetivamente, Henrique não deu ao colega nenhuma razão para que não gostasse dele: é sincero, sociável e simpático. Porém, Artur não admite sua inveja, pois tem somente consciência parcial de seu complexo de inferioridade. Em vez disso, desvaloriza Henrique e o estigmatiza como "exibicionista e arrogante" para compensar seu sentimento de inferioridade. Ao se sentir inferior e vítima, Artur transforma Henrique em agressor. Essa sua percepção deturpada, que resulta unicamente de sua baixa autoestima, o leva a se vingar do "malvado" Henrique. Mas a luta travada contra Henrique não é declarada em momento algum, ocorrendo de forma totalmente oculta.

Artur ilustra as pessoas que se fecham por causa da baixa autoestima, construindo muros que atuam tanto para sua proteção quanto para ataques. Todo o filme sobre o suposto terrível colega Henrique se passa exclusivamente na cabeça de Artur – não há fundamento real. Mas, infelizmente, suas percepções e seus pensamentos conduzem a uma guerra travada contra Henrique que lhe causa prejuízos significativos. Enquanto isso, Henrique está totalmente alheio aos acontecimentos e se torna uma vítima inocente. Mas se pedíssemos a Artur que desse sua visão dos fatos, ele se descreveria como vítima da situação.

Analisemos esse último exemplo à luz das estratégias de comunicação mencionadas:

- Omitir opiniões, sentimentos e medos: Artur não revela o que sente. Sua opinião sobre Henrique, seus sentimentos e seus receios são trancados a sete chaves.
- Atribuir culpa ao outro: Artur julga Henrique culpado por seu mal-estar na presença dele.
- Construir muros e oferecer resistência passiva: Artur vai além da passividade. Ele prejudica Henrique furtiva e ativamente.

Defesa precipitada

Essa é outra peculiaridade observada com frequência. Como a motivação crucial das pessoas inseguras é se defender de possíveis críticas, elas acabam se defendendo mesmo quando nenhum ataque ocorreu ainda. Esse comportamento pode tornar a comunicação bastante desagradável ou até mesmo levar a um impasse. Exemplo:

A: Você já enviou o e-mail para o Tomás?
B: Eu tenho que fazer isso também? Não vê que estou me matando de trabalhar?
A: (gentilmente) É, você parece cansado.
B: (irritado) Eu dei duro o dia todo, né!
A: Quer dar uma caminhada?
B: Você quer me matar?

Em nenhum momento A atacou B. Entretanto, B enxerga um ataque em potencial em todas as perguntas e rebate preventivamente. Um mero fato inofensivo como um e-mail ainda não enviado faz com que B parta direto para o contra-ataque em vez de simplesmente dizer que ainda não mandou: "Não vê que estou me matando de trabalhar?" (Tradução: Que pergunta idiota é essa?) Dessa forma evita-se uma possível crítica – talvez A fosse acusá-lo de ter esquecido de mandar o e-mail, o que nem seria tão grave objetivamente, mas um fracasso aos olhos de B. O diálogo continua e B se sente agredido com o convite para uma caminhada, pois supostamente não está em sua melhor forma física, o que lhe dói e faz com que se defenda com uma repreensão hostil.

B talvez não queira admitir que simplesmente está com preguiça de caminhar ou que não se sente em boa forma física. Reconhecer qualquer um dos dois fatos seria doloroso demais, pois os enxerga como fracassos pessoais. Além disso, ele teme que A queira convencê-lo a sair para uma caminhada por meio de argumentos bem-intencionados, o que faria com que se sentisse sob pressão. A poderia dizer, por exemplo, que um pouco de exercício faz bem para a saúde, o que B não teria como negar. Isso o colocaria em uma situação difícil: precisaria abrir o jogo, algo que tenta evitar por meio do contra-ataque.

"Não me pressione!"

Pessoas inseguras se sentem rapidamente pressionadas pelos outros, pois têm dificuldade de dizer não. Além disso, elas precisam de mais tempo para organizar seus pensamentos e sentimentos, sentindo-se sobrecarregadas com facilidade quando precisam dar uma resposta espontânea. Surgem, assim, mal-entendidos, pois o outro geralmente não faz a menor ideia do que se passa com o inseguro em questão.

João sugere uma ida ao cinema a sua namorada, Melissa. Ela não está a fim e deixa isso bem claro. João tenta tornar o filme atraente aos olhos dela – quer convencê-la a ir com bons argumentos. Melissa se sente pressionada, pois não lhe ocorrem contra-argumentos: ela só não quer ir e pronto. Sem coragem de simplesmente insistir que não está com vontade, ela aceita o convite com relutância. Mas não consegue se concentrar no filme, pois está com raiva de si mesma e de João. No relacionamento dos dois, ela quase sempre topa o que ele propõe, apesar de várias vezes querer dizer não.

Pessoas inseguras se sentem pressionadas quando alguém lhes dirige uma pergunta ou espera algo delas. Na ânsia de agradar e não decepcionar, perdem de vista os próprios desejos e opiniões. E, como dito anteriormente, costumam não ser francas. Melissa não conseguiu continuar a contrapor a sugestão de João, pois nem ela mesma sabia ao certo o que queria. Sabia somente que não estava com vontade de ir ao cinema.

Mesmo quando tem uma opinião formada, pode acontecer de a pessoa insegura não defendê-la de maneira objetiva. Como ela sente que é menos articulada, as palavras certas lhe faltam no momento decisivo. Além disso, ela tem menos prática de argumentar em causa própria. Quando se encontra em uma situação na qual precisa fazê-lo, fica bloqueada pela tensão.

Pessoas inseguras se sentem um pouco intimidadas por quem dá sua opinião de forma livre e sincera. Veem esses indivíduos como fortes e dominantes e sentem que não têm a menor chance de competir com eles. Melissa sente que João é superior a ela, que ele é o mais forte da relação. Esse é um sentimento básico que, em situações específicas, faz com que Melissa ceda às vontades do namorado. Na raiz desse comportamento está o medo de João abandoná-la caso ela não atenda às suas expectativas. O problema é que desse modo ela reforça cada vez mais o sentimento de que ele a está dominando. Sente que "está se perdendo" e se culpa por isso, mas culpa João ainda mais.

É claro que Melissa não diz "sim, senhor" para tudo, mas João não a leva a sério como ela gostaria. Melissa acha que deixou claro que não queria ir ao cinema e que ele "passou por cima" de sua vontade. Para João, por outro lado, é legítimo tentar convencer alguém com argumentos razoáveis. Ele nem cogita que sua namorada poderia se sentir dominada por ele, pois parte do princípio de que ela tem perfeitas condições de se defender. Acha normal às vezes discutirem sobre o que vão fazer juntos. Enxerga a si mesmo em pé de igualdade com Melissa, então é claro que ela tem os mesmos direitos que ele.

Quando Melissa aceitou ir ao cinema, João imaginou que ela havia mudado de opinião com base nas informações que ele lhe dera sobre o filme. Ou seja, João argumentou no nível técnico e acreditou tê-la convencido. Mas Melissa estava no nível do medo. Ela disse sim para agradá-lo, e não porque havia se convencido. Há um grande mal-entendido entre os dois. E é esse o problema do relacionamento: João se sente igual a Melissa, mas ela se sente inferior a João. Ela várias vezes diz sim quando quer dizer não. O resultado é que Melissa se sente cada vez mais dominada por João e tem a sensação de se doar demais na relação. Nos últimos tempos, isso a tem feito perder o interesse sexual. Ela não tem consciência, entretanto, da íntima conexão psicológica entre a suposta dominância de João e a diminuição da libido. Isso acontece com homens e mulheres. O parceiro "inferior" sente, inconscientemente, que precisa defender seus limites – "Isso você não vai ter também. Pelo menos meu corpo pertence a mim". A intimidade acaba sendo abalada e o parceiro é penalizado por suas "invasões" (em geral não intencionais) mediante a recusa sexual no dia a dia. E a recusa nessa área é uma condição típica da resistência passiva.

Nem todas as pessoas que se sentem dominadas se adequam às expectativas do outro. Algumas usam a estratégia oposta para se proteger: distanciam-se. Sentem-se rapidamente pressionadas e, em vez de desistir, contra-atacam. Essa forma de lidar com as expectativas será analisada no capítulo "Por que sou tão inseguro?".

Detectar o problema é meio caminho andado para a solução

Acabamos de ver os principais problemas causados pela baixa autoestima. E, segundo a experiência me ensinou, reconhecer que há um problema já é meio caminho andado para solucioná-lo. Somente quando tenho consciência de meu comportamento é que posso decidir conscientemente mudar. Quando está oculto nas sombras do meu inconsciente, ele assume o comando das minhas ações. Isso significa que a pessoa afetada não consegue decidir como agir, sentindo-se incapaz de mudanças. Concretamente, a maioria das pessoas que sofre de baixa autoestima tem consciência de que é insegura, mas não identifica com clareza os efeitos práticos desencadeados em seus comportamentos, pensamentos e sentimentos – sendo que é justamente neles que está a oportunidade para realizar mudanças.

Voltemos ao exemplo de Melissa: ela sabe que não é uma pessoa segura, mas não percebe como sua insegurança afeta sua comunicação com as pessoas e seu relacionamento com João. Não tem consciência de que sua submissão voluntária está desgastando a relação. Por medo de perdê-lo, ela muitas vezes diz sim quando quer dizer não, o que a faz se sentir cada vez mais acuada. Porém não consegue enxergar que está acuando a si mesma. Ela projeta seu problema em João, que enxerga como dominante. No médio e longo prazos, esse atrito pode minar seus sentimentos e até levar ao fim da relação.

A baixa autoestima é o epicentro de problemas de relacionamento e, por outro lado, da aversão à intimidade. Se tivesse consciência do que faz, Melissa poderia se obrigar a dar sua opinião verdadeira e aos poucos falar com João de forma sincera sobre sua insegurança. Assim João teria a chance de se adequar melhor a ela, talvez a encorajando a expressar seus desejos com mais frequência.

Se você se reconheceu em várias passagens deste trecho, reflita sobre o que gostaria de mudar no futuro. A transição para a autoestima mais saudável não é feita de uma hora para outra, mas por meio de pequenas mudanças de comportamento.

Os pontos fortes das pessoas inseguras

Agora que já vimos os problemas que costumam afetar a pessoa insegura e aquelas à sua volta, vamos conhecer alguns de seus pontos fortes.

Pessoas inseguras com grande necessidade de harmonia costumam ser muito agradáveis de lidar. São simpáticas, solícitas e boas ouvintes, porque sabem se colocar no lugar do outro. Já as agressivas podem ser muito animadas e divertidas.

Além disso, por terem medo de fracassos e repreensões, pessoas inseguras costumam de fato cometer menos erros (a não ser que o medo as conduza a um estado de pânico ou paralisia). Em geral, se preparam minuciosamente para novas tarefas. Pessoas autoconfiantes, por sua vez, correm o risco de levar as coisas menos a sério e tendem a ser menos cuidadosas. Assim, pessoas inseguras costumam ser colegas de trabalho muito valorizados. Elas também trabalham bem em equipe, pois têm um comportamento equilibrado e não querem ser o centro das atenções.

O esforço para não decepcionar ninguém e satisfazer as expectativas alheias torna tais pessoas solícitas e amáveis. Pode ser que às vezes elas enxerguem expectativas onde não existem, mas o lado bom é que conseguem ser empáticas.

O medo de um ataque faz com que estejam sempre com as antenas ligadas, o que as torna boas observadoras, enquanto pessoas confiantes talvez sejam mais ingênuas. Acabam percebendo os outros de forma excessivamente positiva, pois seu sistema de alerta não está tão bem treinado.

Outro ponto forte de pessoas inseguras é a capacidade de desistir no momento certo, enquanto as autoconfiantes correm o risco de insistir em algo que não vai levar a lugar algum. Isso também foi estabelecido em estudos psicológicos: o alto lócus de controle interno de pessoas confiantes, ou seja, a convicção de ter muita influência nos eventos, faz com que às vezes não reconheçam quando é hora de parar. Elas correm o risco de se esgotar inutilmente em suas empreitadas. Nesse contexto, deve ser ressaltado que as pessoas mais inseguras têm mais resiliência para suportar os problemas do que as autoconfiantes. As autoconfiantes ficam relativamente bem enquanto têm a ilusão de uma possibilidade de ação, mas quando percebem que não há mais nada a ser feito, ficam à beira do desespero, pois não sabem lidar de modo adequado com situações irreversíveis. Os inseguros podem até não ter consciência de possibilidades de ação, mas têm prática em suportar dificuldades. E, dependendo do tipo de situação, aceitar é a melhor opção.

CAPÍTULO 2

POR QUE SOU TÃO INSEGURO?

Causas da baixa autoestima

A baixa autoestima tem duas causas possíveis: 1) predisposição genética e 2) experiências formativas na infância. Experiências da idade adulta também podem afetar a autoestima, mas a pedra fundamental está na criação e nos genes.

Quanto à genética, existem certos traços de personalidade que impactam diretamente a autoestima. Por exemplo, crianças que vêm ao mundo com distinta predisposição ao medo. A timidez como característica pessoal também é, em grande parte, uma predisposição genética à autoestima mais frágil. Há crianças que têm uma criação bastante acolhedora e mesmo assim são muito tímidas em contatos sociais – pelo menos com pessoas estranhas –, assim como há crianças que enfrentaram métodos de criação menos favoráveis e mesmo assim desenvolvem uma autoestima saudável. Essa relação, no entanto, não é linear. Muitos aspectos do desenvolvimento podem afetar a autoestima.

Os traços de introversão ou extroversão também apresentam uma correlação com a autoestima e são basicamente inatos. Características típicas da pessoa extrovertida: sociável, falante, enérgica, corajosa e audaciosa. E características típicas da pessoa introvertida: quieta, reflexiva e cuidadosa. Em geral, extrovertidos são mais alegres e otimistas que introvertidos. Isso faz com que busquem mais apoio social quando têm problemas, enquanto os introvertidos tendem a resolvê-

-los sozinhos. E como isso se relaciona com a autoestima? A estratégia de resolução de problemas das pessoas extrovertidas é mais eficaz, o que beneficia a autoestima: elas falam sobre suas questões e buscam ajuda ativamente.

Pessoas extrovertidas recebem mais feedback positivo de seus pares porque conversam abertamente sobre seus problemas. Tendo em vista que cerca de 90% dessa predisposição é determinada geneticamente, ela pode ser notada já na infância. A criança extrovertida interage com outras crianças e adultos e gosta de bater papo, por isso é fácil se aproximar dela. Ela rapidamente cativa as pessoas e faz amigos. Já a criança introvertida é mais tímida e fechada na interação com estranhos, razão pela qual não conquista os outros tão depressa quanto a extrovertida. A disposição geral mais alegre dos extrovertidos também pode ter uma influência positiva na autoestima.

Mas introvertidos não necessariamente têm baixa autoestima. A introversão faz apenas com que sejam mais sensíveis em questões de autoestima, em comparação com extrovertidos.

Seja você introvertido ou extrovertido, o que importa é que se aceite como é. Tanto a introversão quanto a extroversão como traço de personalidade têm suas vantagens e desvantagens. Não há melhor ou pior, mesmo que à primeira vista ser extrovertido pareça mais vantajoso. Pessoas introvertidas têm inúmeras qualidades: sabem ficar sozinhas; dependem menos de validação externa; são mais resilientes em tarefas difíceis; têm uma vida interior profunda. Além disso, predisposição genética não é algo determinante, não significa que não haja espaço para mudança.

Se você sofre de baixa autoestima, é de grande ajuda analisar sua infância de forma mais profunda. Isso pode lhe trazer uma maior compreensão de si mesmo, em especial daquelas crenças que lhe foram transmitidas por seus pais.

Vamos abordar, a partir de agora, alguns estilos de criação que podem levar à baixa autoestima. Nem todo mundo se identificará com as descrições a seguir, mas uma avaliação aprofundada das causas demandaria muito espaço, por isso preciso me restringir em certa medida. As observações a seguir podem servir de inspiração e encorajamento para você compreender as relações entre seus condicionamentos de infância e sua autoestima.

Como surgem a confiança básica e o apego

A primeira infância é o momento em que as estruturas cerebrais se diferenciam. Por isso, normalmente é nessa fase da vida que está a pedra fundamental de nossa estrutura emocional e da nossa autoestima. Estudos de neurologia comprovaram que o cérebro dispõe de um sistema de punições e recompensas que é ativado por neurotransmissores distintos. No cérebro das crianças que são educadas com muita rigidez e castigo, o sistema de punições se instaura mais profundamente nas estruturas cerebrais do que o de recompensas. Quando chegam à idade adulta, essas crianças reagem com grande sensibilidade a estímulos que podem ser interpretados como rejeição ou punição direcionadas a elas. Basta um pequeno gesto do outro para ativar esse sistema de punições. Pessoas cujo sistema de punições é muito pronunciado remoem um sentimento de frustração quando vivenciam um fracasso e se reerguem com mais dificuldade em comparação com aquelas que têm um sistema de recompensas acentuado. Entretanto, esses condicionamentos neuronais não são um destino inevitável. Pode-se transitar, por exemplo, do sistema de recompensas para o de punições ativamente por meio de força de vontade. Falarei mais sobre isso no capítulo "Quero sair dessa situação!".

A chamada confiança básica se estabelece cedo no cérebro e determina nossa vida emocional em um nível muito profundo. Desenvolver confiança básica significa se sentir, de forma geral, bem-vindo e aceito neste mundo. Esse estado fundamental depende das experiências que temos em nosso primeiro ano de vida, ou seja, surge na relação da criança com seu cuidador principal – seja a mãe, o pai, a avó ou quem for. Em muitos casos, a confiança básica é estabelecida por vários membros da família (pelos pais, por exemplo). O importante é que haja pelo menos uma pessoa que cuide do bebê de forma amorosa e empática. Tendo em vista que essa pessoa costuma ser a mãe e que atrapalharia o fluxo da leitura mencionar sempre o pai ou outro cuidador ou cuidadora, nos trechos seguintes vou me referir apenas à mãe, pressupondo que esse papel se estenda a outros.

Ao nascer, o bebê é completamente dependente da mãe e, em seus primeiros meses de vida, não sabe que a mãe e ele são seres distintos. O bebê está à mercê das necessidades e dos sentimentos dela. Sua vida emocional se divide em sentimentos de prazer e desprazer, e o papel da mãe é diminuir os de desprazer – fome, sede, frio, calor ou desconfortos físicos –, reduzindo o estresse. Quando o bebê exprime estresse por meio do choro, o papel da mãe é consolá-lo, alimentá-lo, aquecê-lo, ou seja, cuidar dele. No entanto, a criança não anseia somente por cuidados físicos. Ela também tem necessidade inata de contato social e afeto. Cabe à mãe, portanto, proporcionar o bem-estar afetivo.

Com o passar dos meses, o bebê aprende a controlar seus movimentos: agarra objetos, engatinha e, perto de completar o primeiro ano de vida, aos poucos começa a andar. Quando já tem um controle motor maior, a criança desenvolve um interesse crescente por seu entorno. Nessa fase, a mãe passa a ter, além do dever de prover cuidados físicos e afeto da criança, o de deixá-la explorar o mundo em sua jornada de descoberta. A criança não precisa apenas de cuidados e afeto, mas também de autossuficiência e autonomia. Uma mãe sensível reconhece quando precisa deixar a criança livre para explorar e quando a criança necessita de cuidados. Se a criança tiver a mãe ao lado quando sentir necessidade mas também for deixada livre quando quiser estar sozinha, aprenderá que pode confiar na figura materna e que pode influenciar as relações humanas sem estar à mercê delas. A criança vivencia a confiança na mãe. Assim ela desenvolve a confiança básica. Essa confiança básica pode ser compreendida como uma sensação de corpo inteiro: a criança grava no corpo que é aceita e amada. Esse sentimento fica preservado permanentemente, como uma atitude de afirmação da vida.

O essencial é que a confiança básica traga em si a certeza de ter poder sobre suas relações interpessoais e sobre o efeito delas na própria vida. Quando a interação entre mãe e criança é bem-sucedida, a criança desenvolve, mais ou menos na segunda metade do primeiro ano de vida, não apenas a confiança básica como também um apego seguro à mãe. Crianças – e adultos – com vínculo de apego seguro apresentam duas características fundamentais: têm autoconfiança e predisposição a confiar. Sua postura-padrão é "Eu estou bem e você está bem".

O papel do pai

Tendo em vista que muitas crianças são criadas por pai e mãe pelo menos durante alguns anos, abordarei o papel específico do pai no desenvolvimento da autoestima. Esse tema vem sendo extensamente estudado, em especial pelo casal Karin e Klaus Grossmann, da Universidade de Bielefeld, que acompanharam o desenvolvimento de 100 crianças por mais de 22 anos.

As pesquisas dos Grossmanns e outros estudos mostraram que o pai tem funções diversas das da mãe na criação dos filhos. Na maioria das famílias, o apego entre pai e filho se desenvolve muito mais na esfera do brincar, já que ele assume menos as funções de atenção às necessidades básicas e de afeto da criança. Pais estimulam o filho com mais intensidade em situações novas e estimulantes, para as quais a criança não teria confiança sem ajuda. As mães, por outro lado, tendem a exercer uma proteção um pouco ansiosa. Tradicionalmente e na maioria das culturas, são os pais que incentivam a criança a viver novos desafios. Eles gostam de transmitir seu conhecimento prático e apresentar o mundo às crianças. Geralmente é o pai que ensina a criança a andar de bicicleta e nadar, a subir em árvore, a andar a cavalo, a explorar florestas, usar ferramentas ou, para o desagrado de muitas mães, andar de skate. Mães solo acabam exercendo também essas funções, mas, se houver um pai disponível, essa tarefa fica sob a responsabilidade dele. Isso alivia um pouco a mãe e enriquece a vivência da criança.

O vínculo entre pai e filho é condicionado essencialmente pelo comportamento lúdico e empático do pai. "Empático" aqui significa que o pai sabe compreender os desejos e as habilidades da criança e a estimula sem sobrecarregá-la. Os estudos dos Grossmanns mostram que o pai tem uma influência importante no estilo de apego (padrão de comportamento que a pessoa demonstra nas relações interpessoais íntimas) e na autoestima que a criança vem a desenvolver. Adultos com lembranças positivas de seu relacionamento com o pai demonstram uma autoestima mais forte e confiam mais em amigos e parceiros amorosos, em comparação com adultos que não tiveram essa experiência.

O que faz bem às crianças

O primeiro ano de vida é determinante, mas é claro que não é o único período a influenciar nosso desenvolvimento. Geralmente, a mãe ou o pai que forma um bom vínculo com a criança no primeiro ano de vida dela consegue proporcionar uma criação saudável também nos anos seguintes.

Para permitir que os filhos desenvolvam uma boa autoestima, a mãe ou o pai deve transmitir à criança, principalmente em ações, as seguintes mensagens:

"Você é amado exatamente como é, o que não significa que aceitaremos todos os seus comportamentos."

"Você não precisa mudar para satisfazer nossas expectativas. Nós estimulamos você de acordo com seu potencial, e não segundo nossos desejos."

"Você não precisa se adequar excessivamente para evitar punições. É claro que nem tudo é permitido, você precisa seguir certas regras, mas permitimos e até mesmo desejamos que você tenha vontade própria. Estamos abertos a entrar em acordos. Quando quiser dizer não, você não precisa ter medo: não vamos deixar de amar você nem teremos uma reação hostil. Nem sempre cederemos às suas vontades, mas você tem uma boa chance de nos convencer."

Por meio de tais mensagens embutidas nas atitudes dos pais, a criança aprende ao longo dos anos que é boa do jeito que é e aprende a se aceitar. Isso inclui aceitar suas fraquezas e defeitos – o que, no entanto, não significa não tentar melhorar ou não querer evoluir. A diferença é que, quando a pessoa se aceita, os pontos fracos não são fonte de vergonha, mas ainda representam uma possibilidade de desenvolvimento.

Por outro lado, crianças que vivenciam um estilo parental muito autoritário ou até mesmo abusivo sentem muita vergonha de suas fraquezas, um sentimento que costuma perdurar na idade adulta.

Crianças com pais que respeitam suas vontades dentro de alguns limites também aprendem cedo que têm influência sobre os eventos da vida. Aprendem que têm poder, no sentido positivo da palavra. Em geral, essas crianças percebem que os pais as ouvem e as compreendem, que são consideradas e, portanto, têm valor. E adquirem autorrespeito. Aprendem a lidar com conflitos, pois têm a oportunidade de praticar essa habilidade desde cedo – os pais permitem que elas argumentem. Além disso, elas vivenciam o direito de dizer não sem que os pais se mostrem ofendidos ou as punam com privação de amor. A soma dessas experiências positivas de infância oferece a base mais favorável para o desenvolvimento de uma autoestima saudável.

Por outro lado, crianças cujas vontades são frequentemente desconsideradas desenvolvem um sentimento de impotência em relação aos outros. Não têm autoconfiança suficiente para expressar sua vontade e suas necessidades, por medo de não serem ouvidas ou de serem rejeitadas.

O apego inseguro

Crianças que vivenciam uma relação instável com a mãe não desenvolvem uma conexão segura, o que pode fazer com que se apeguem demais à mãe ou que, pelo contrário, evitem contato com ela. É por isso que diferenciamos o *apego inseguro carente ou preocupado* do *apego inseguro evitativo ou rejeitador* (para os especialistas: a terminologia que uso aqui é baseada em Kim Bartholomew, e não em Ainsworth ou Bowlby).

Pessoas que desenvolveram um estilo inseguro de apego na infância – seja carente ou evitativo – têm, em regra, problemas de autoestima. Falta-lhes confiança básica e a segurança de que podem influenciar suas relações interpessoais. Quando crianças, não se sentiam aceitas em virtude do comportamento problemático da mãe ou do pai, e cresceram com o sentimento fundamental de não serem dignas de amor *do jeito que são*.

O amor dos pais dependia de certas condições. No melhor dos casos, eram condições previsíveis para a criança e podiam ser cumpridas, como, por exemplo, "Você precisa tirar boas notas". Na pior das hipóteses, as condições variavam de acordo com o humor da mãe ou do pai, sendo portanto menos previsíveis e, por isso, ameaçadoras. Em ambos os casos, a mensagem que a criança recebia dos pais era: "Se quiser que a gente ame você, precisa se comportar da forma que esperamos." Esse tipo de pai ou mãe gosta de punir a criança por meio da privação de amor. É por isso que as crianças afetadas têm dificuldade de lidar com as expectativas alheias na vida adulta.

Isso leva a um de dois extremos: ou a hiperadequação aos desejos alheios ou o distanciamento radical. No primeiro caso, a pessoa é obcecada por harmonia e se esforça para agradar a todos. No segundo caso, reage repelindo as expectativas alheias e, conscientemente ou não, fazem de tudo para não cumpri-las, pois não querem "se deixar dominar". De um modo ou de outro, não aprenderam a se determinar de forma adequada.

Quem se rebela contra as expectativas alheias são aqueles aos quais precisamos pedir que façam A se quisermos que façam B.

Aqueles que chamo de avessos a expectativas são parte do grupo dos inseguros agressivos. Sofrem de um ímpeto incontrolável (em geral inconsciente) de ser independentes e não se deixar controlar por ninguém. Um pedido inofensivo pode ser entendido erroneamente como uma ordem, contra a qual precisam se rebelar. O que move os avessos a expectativas é o impulso de jamais vivenciar novamente algo semelhante à sujeição aos pais que marcou sua infância.

Algumas pessoas de apego inseguro também oscilam entre a adequação relutante e a recusa desafiadora. Na maioria das situações (pelo menos quando se trata de decisões importantes), não conseguem dizer com segurança nem sim nem não.

"Como está o humor da mamãe hoje?": o apego carente

Pessoas adquirem um estilo de apego carente quando têm experiências muito instáveis com a mãe: o comportamento dela parece depender de seu humor oscilante. A mãe não se comporta com a criança de forma previsível e por isso não é confiável: às vezes se mostra amorosa e atenciosa, mas logo se torna fria ou irritada. O comportamento da mãe parece estar condicionado ao seu humor no momento. Isso acontece também na relação com o pai, mas, para simplificar, mencionarei apenas a mãe.

O resultado é que a criança está sempre tentando prever o humor da mãe e adivinhar o que a mãe espera dela, isto é, avaliando o que é necessário para que a mãe seja amorosa ou para que não a castigue. Essa criança tem interesse limitado pelo mundo à sua volta, pois a mãe não é uma base segura que lhe permita explorar o mundo com confiança. Assim, a criança desenvolve baixa autonomia e tem sentimentos acentuados de dependência.

Essa criança também tem a autoestima reduzida, pois se sente responsável pelo humor da mãe e, logicamente, culpada por suas oscilações. Os filhos tendem a procurar o erro em si mesmos quando os pais estão bravos, afinal, a seus olhos, os adultos são fortes e infalíveis. A criança de apego inseguro-carente não se sente boa o suficiente, pois é incapaz de evitar o comportamento ambivalente da mãe.

A mãe, por sua vez, é colocada em um pedestal. Ela é inatingível. Muitas vezes, tal devoção é reforçada pela própria mãe ou por ambos os pais, quando sinalizam à criança que são infalíveis e que a criança ainda tem muito a aprender.

Essa programação continua ativa na vida adulta. Ao crescer, essas pessoas se esforçam para obter a aprovação e o reconhecimento dos outros. Estão sempre focadas em entender expectativas alheias não ditas, de preferência com obediência antecipada. A rejeição ou o abandono são uma catástrofe para elas, pois confirmam sua crença arraigada de não serem boas o suficiente.

Cabe ressaltar que pessoas com apego seguro não estão livres de dúvidas sobre si mesmas. Elas também refletem sobre as expectativas alheias que podem não ter satisfeito quando sofrem um fracasso. Pessoas de apego seguro também podem ter uma autoestima vulnerável. A diferença reside mais na dimensão e na intensidade do desespero e do insulto à autoestima.

"Mamãe é fria": o apego evitativo

Pessoas que internalizaram o padrão de apego evitativo tiveram sua necessidade de vínculo frustrada com frequência ao longo da infância e, em vez de se agarrar à mãe, preferiram evitá-la. Elas também têm dificuldade de confiar em relacionamentos na vida adulta.

A mãe era fria e distante, quando não sarcástica, tóxica ou abusiva, então, a primeira infância foi dominada pela experiência da rejeição. Elas não puderam desenvolver o sentimento de serem bem-vindas neste mundo quando bebês ou crianças pequenas, e isso define sua vida futura. É por esse motivo que desenvolvem um medo gigantesco da rejeição. Sofrem tanto de autoestima baixa quanto de uma profunda desconfiança nas relações interpessoais.

Ao mesmo tempo, têm um desejo desmedido por conexão e intimidade. Carregam dentro de si um anseio não resolvido de aceitação, mas como estão convencidas de que serão rejeitadas mais cedo ou mais tarde, relutam em se envolver. São muito desconfiadas, em especial nos relacionamentos amorosos. Resultado: um conflito contínuo de aproximação e evitação. Elas vão e voltam, divididas entre a esperança de um final feliz e a certeza de que a felicidade não foi feita para elas. Não conseguem ficar bem *sem* um parceiro ou parceira nem *com* um parceiro ou parceira.

A autoestima de tais pessoas é muito volúvel e elas se magoam facilmente.

"Mamãe me sufoca"

Mães que sufocam muito o filho e têm uma conexão forte demais com ele também enfraquecem sua autoestima. O amor sufocante da mãe não estimula a independência da criança o suficiente. Mãe ou pai têm medo de que ela se afaste muito. Eles necessitam do filho para suprir sua própria necessidade de afeto. Os esforços da criança por independência e vida própria são vistos pela mãe como rejeição pessoal. A mãe reage de forma triste e decepcionada quando a criança se afasta dela. Isso desencadeia fortes sentimentos de culpa na criança, que retorna "voluntariamente". Algumas mães fazem exigências explícitas e estabelecem proibições para forçar a criança a permanecer na relação exclusiva a dois. Outras agem com um misto de ambas as medidas. De qualquer modo, a criança aprende que não pode se afastar da mãe sem que ela reaja com decepção ou raiva. A necessidade de tais crianças por autonomia, por um eu autônomo que possa existir independentemente da mãe, é frustrada. Consequentemente, elas aprendem a perceber e expressar as próprias necessidades de maneira limitada. Não conseguem se autodeterminar indo contra a mãe. A supressão dos próprios desejos e a capacidade prejudicada de defender seus sonhos e necessidades levam a uma autoestima baixa.

"Mamãe, você vai ver só!"

Há crianças que não reagem às expectativas e chantagens emocionais dos pais com adequação ou distanciamento, mas com provocação. Elas se opõem às exigências dos pais e se libertam o mais cedo possível. Ou então são obedientes em casa, porque a mãe naturalmente tem mais poder, mas exercem resistência em medidas extremas fora de casa. Se a criança vai se desenvolver na direção da adequação ou da resistência depende tanto de seu temperamento quanto do contexto familiar. Uma criança criada sozinha pela mãe não pode se permitir – pelo menos não nos primeiros anos de vida – ir contra ela, pois não teria mais ninguém.

O filho único de uma mãe ou um pai solo é mais dependente que uma criança que cresce em uma família com irmãos. Não é raro que um dos irmãos assuma o papel de adequado e bonzinho enquanto o outro faz o papel de rebelde – inconscientemente, as crianças dividem entre si os papéis a desempenhar na família.

Filhos que defendem seus limites pessoais por meio da revolta desenvolvem-se, mais tarde, na direção dos inseguros agressivos. Têm sempre certa desconfiança em relação aos outros e se comportam justamente como não gostariam de ser tratados. O grande problema desse perfil é que, em virtude de seu sentimento de inferioridade (que não necessariamente admitem para si mesmas), essas pessoas enxergam o outro como superior, tendendo a presumir dominância e más intenções por parte dele.

Pessoas inseguras que tendem à harmonia também se sentem inferiores, correndo o risco de se submeter ao outro, mas não vivem essa situação de maneira agressiva e não são tão desconfiadas e cautelosas. Elas inclusive tendem a reprimir e minimizar conflitos existentes para não chegarem nem perto de uma discussão. As inseguras agressivas, pelo contrário, buscam justamente a discussão.

"Mamãe está decepcionada"

Um estilo parental com grande probabilidade de causar problemas de autoestima nos filhos é aquele em que a mãe ou o pai demonstra decepção quando a criança não cumpre suas expectativas. A mãe sinaliza à criança que seu comportamento a deixa triste. Isso é pior do que demonstrar raiva, pois desencadeia sentimentos de culpa na criança – que são mais difíceis para a criança suportar do que levar uma bronca eventual (contanto que não seja muito agressiva). Isso porque a criança com uma mãe zangada tem a possibilidade de, em resposta, também sentir raiva e se distanciar, enquanto a criança com sentimentos de culpa se sente responsável pela felicidade da mãe e por isso tem muita dificuldade de se desligar da mãe. Ela está intimamente ligada à mãe, pois a vê como fraca e tem pena dela.

A criança com sentimento de culpa aprende um padrão de relacionamento em que se sente responsável pelo bem-estar dos outros. Na idade adulta, ela sente necessidade constante de se desculpar e tem vergonha de seu comportamento. Sua autoestima é baixa porque ela recebeu a mensagem, quando criança, de que causa decepção – em outras palavras, de que não é boa o suficiente.

"Mamãe é muito ansiosa"

Há pais amorosos e bondosos que criam insegurança nos filhos pelo mau exemplo, como a mãe ou pai que vive em eterna crise de ansiedade. Nesse caso, a criança pode, de forma inconsciente, adotar o medo da mãe. Talvez se dê conta de que a mãe é muito tímida e inibida nas interações sociais, por exemplo. Ou talvez a mãe queira proteger o filho de decepções advertindo-o a não confiar demais nas pessoas e a tomar muito cuidado. Ao refletir sobre as origens da sua baixa autoestima, procure identificar que exemplo você reproduz de seus cuidadores principais.

"Mamãe me acha incrível"

Assim como elogios escassos e pouco afeto, o outro extremo também pode gerar autoestima frágil na criança: se os pais, ainda que com boa intenção, a elogiam constantemente mesmo que ela tenha desempenho relativamente fraco, a criança pode passar a se enxergar com uma importância exagerada e, mais tarde, encontra dificuldade de adequação em outros ambientes. Longe da família, a criança se depara com outras referências e sente que o elogio dos pais é exagerado, não confiável. Assim, ela se sente insegura e não sabe como se orientar. O que é bom e o que é ruim de fato? Quando adultas, a autoestima dessas pessoas costuma oscilar entre a supervalorização e a desvalorização de si mesmas.

Digressão: o narcisista

Algumas pessoas desenvolvem já na infância, de maneira inconsciente, uma estratégia para silenciar as dúvidas a respeito de si mesmas: buscam o desempenho máximo. Criam um "eu superior", cuja função é reprimir o "eu inferior" (sua baixa autoestima). Para evitar o sentimento de inferioridade, o eu superior precisa garantir nada menos que a perfeição. Assim ele mostra ao eu inferior que tem valor. O narcisismo é um transtorno da personalidade caracterizado, entre outras coisas, por uma contabilidade dupla em relação a sua autoestima: sente-se internamente sem valor e insignificante (eu inferior), enquanto seu eu superior luta contra isso com todas as forças, fazendo com que o narcisista não sinta nem mesmo sua insegurança.

Para evitar o contato com o eu inferior, narcisistas se esforçam para ser excepcionais. Mediano é algo detestável para eles. Seu eu superior garante excelência de duas formas: a pessoa não cansa de aprimorar suas habilidades e sua aparência até atingir o brilhantismo, ao mesmo tempo que desvaloriza os outros. Da mesma forma que luta contra seus defeitos, o narcisista luta também contra os defeitos alheios. Não tolera fraquezas em si nem nas pessoas à sua volta – que dirá no parceiro ou parceira. A desvalorização sentida em sua essência é transferida às outras pessoas, especialmente àquelas mais próximas. O parceiro do narcisista tem o papel de valorizá-lo. O parceiro é a extensão de sua autoexpressão e, por isso, não pode fazer o narcisista passar vergonha de forma alguma. As fraquezas de seu parceiro, afinal, se refletem sobre ele.

Narcisistas desprezam fraquezas, têm raiva de pessoas "fracas". O problema é que o narcisista enxerga tanto suas fraquezas quanto as do parceiro por uma lente de aumento. E a medida real se perde sob essa percepção deturpada. Tendo em vista que os defeitos do parceiro (ou de outra pessoa próxima importante) são enormes em sua percepção, os narcisistas concedem a si mesmos o direito de criticar intensamente o outro, que passa a sentir a força da agressão. Essa agressão resulta da postura de desprezo profundo que o narcisista tem para consigo mesmo. Já que reprime a autoagressão de sua consciência, ele passa a mirar o outro. Muitas vezes, narcisistas ofendem seus pares gravemente quando estão tomados pela fúria. A ofensa sentida pela atitude do outro é, no fundo, a ofensa profunda da qual o narcisista se protege. Ele inflige ao outro, inconscientemente, a dor que evita sentir.

A postura depreciativa assumida pelo narcisista diante do outro cumpre ainda um objetivo secundário: sua própria valorização. Narcisistas são empenhados em se sentir superiores. É por isso que o reconhecimento não lhes basta, pois o que desejam é admiração. Têm medo, afinal, da crítica aniquiladora de seu eu inferior. Inconscientemente, concentram toda a sua energia em manter seu eu inferior sob controle. Precisam se sentir superiores aos outros por motivos estratégicos. O narcisista só se sente seguro na posição de superioridade. A íntima relação com o perfeccionismo também fica evidente: a perfeição o torna superior.

O narcisista luta contra si e contra os outros para que não se tornem importantes demais. As habilidades alheias são uma ameaça para ele, pois se compara constantemente com outras pessoas e sente muita pressão competitiva.

Narcisistas, em geral, são companhias bastante desagradáveis. É difícil lidar com eles. Como parceiros ou chefes, costumam ser insuportáveis. Precisam exibir sua grandiosidade e seu brilhantismo constantemente e, ao mesmo tempo, mostrar ao outro quão pequeno e inferior ele é. Às vezes só conseguimos ter compreensão ou até mesmo compaixão por narcisistas quando lembramos que por trás dessa fachada todo-poderosa há uma criança pequena, insegura e humilhada.

Quando o eu superior fracassa, o narcisista entra em crise. Quando o narcisista falha, ou sofre uma derrota avassaladora, seu eu superior sucumbe, e seu eu inferior toma a palavra: "Você é um fracassado! Sempre soube disso. Você se ferrou, seu zero à esquerda! Deveria ter calado a boca, infeliz. Sempre falei que você não conseguiria. Você é um lixo e sempre será um lixo." O narcisista fica desesperado. É tomado pelo medo do fracasso total. Seu eu inferior, em geral tão cuidadosamente reprimido, ataca. O narcisista retoma sua conhecida estratégia para se reerguer: mobiliza seu eu superior para garantir novas vitórias que ofuscarão a derrota vivida.

Quem leu esses parágrafos com atenção provavelmente concluirá que parece haver um pequeno narcisista dentro de todos nós. Quem não gosta de reconhecimento e sucesso? Quem não se abate quando vivencia uma derrota? Quem nunca tentou compensar um fracasso com um sucesso? Quem não sente um pouquinho de vergonha por seu parceiro quando ele se comporta de forma inadequada ou se veste mal? Quem não se esforça para minimizar as dúvidas a respeito de si mesmo? Quem nunca sonhou ser excepcionalmente lindo e talentoso? O narcisismo caracteriza-se por uma dose máxima de autovalorização que se dá no eu profundo de pessoas extremamente inseguras. Em pequenas doses, essa é uma estratégia que todos usamos para preservar a autoestima.

Mas os narcisistas de verdade têm o hábito de desvalorizar as pessoas à sua volta. Um narcisista de grau médio ou baixo se contenta em colher os louros do sucesso e do reconhecimento. Pode até ter o hábito de desvalorizar as pessoas, mas faz isso de maneira menos drástica e generalizada que o narcisista pronunciado. O narcisista de grau leve não sente necessidade de manifestar abertamente seu desapreço, o que torna a convivência com ele muito mais agradável.

O problema dos narcisistas é que estão mais ocupados com sua imagem do que com o que de fato são. Sua representação externa assume um papel central em sua vida, porque seu valor pessoal depende essencialmente da avaliação dos outros.

Narcisistas em graus extremos correm o grande risco de cometer suicídio caso sua defesa psíquica sucumba. Geralmente são muito bem-sucedidos em virtude de sua ambição. Quando lemos no jornal que um grande executivo envolvido em um escândalo ou uma atriz em decadência cometeu suicídio, não raro a causa são estruturas narcisistas. Por natureza, uma derrota abala o narcisista em seus fundamentos.

Estritamente falando, pessoas com baixa autoestima podem apresentar características narcisistas. Isso porque o medo as faz girar em volta de si mesmas. Tentam conter suas inseguranças supervalorizando suas virtudes. E a maioria das pessoas esforça-se para se valorizar em sua representação externa, bem como para não mostrar seus erros e suas fraquezas. A constante preocupação com a imagem e os esforços de autoproteção que a acompanham são narcisistas em seu cerne.

No capítulo "Quero sair dessa situação!", descreverei como se distanciar desse tipo de comportamento. Todas as estratégias apresentadas lá poderão ajudar tanto os narcisistas moderados quanto os extremos.

"Mamãe e papai, preciso tanto de vocês!"

Crianças são existencialmente dependentes dos pais. Nos primeiros anos de vida, os pais têm o poder sobre a vida e a morte do filho. Mesmo aos 4 ou 10 anos a criança tem grande necessidade de proteção. O vínculo com os pais é crucial para a sobrevivência, e a criança sente isso inconscientemente: "Se meus pais não são bons e não me protegem, quem o fará? Eu seria a pessoa mais solitária do mundo."

Os filhos estão condicionados psiquicamente a enxergar os pais como bons e corretos em especial quando não têm mais ninguém, como avós amorosos que possam suprir sua necessidade de apego. É por isso que as crianças tendem a idealizar também pais ruins e culpar a si mesmas por acontecimentos desastrosos. Essa idealização conserva o vínculo parental, essencial à sobrevivência. Se a criança reconhecesse a injustiça infligida a ela pelos pais, sentiria um ódio avassalador por eles. Mas esse ódio seria destrutivo, separaria a criança dos pais. Essa perspectiva, porém, gera um medo existencial profundo e enormes sentimentos de culpa na criança. Como ela precisa de vínculos para sobreviver psiquicamente, direciona o ódio a si mesma ou até mesmo a outras crianças, mas não aos pais, nem minimamente.

Pessoas que foram agredidas e humilhadas pelos pais geralmente têm ódio de si mesmas. Integraram a desvalorização dos pais em sua autoimagem. Para dissolver tal sentimento, precisariam reconhecer que os pais lhe infligiram uma injustiça imensurável, só que isso é perigoso, pois teria como consequência o abandono dos próprios pais. Portanto, dão razão aos pais e assumem a culpa por qualquer situação embaraçosa, segundo o lema: "Se meu pai me espancou, é porque fiz por merecer."

Assim evitam que o ódio por si mesmas se dirija aos pais. O preço da manutenção da relação parental, entretanto, é enorme: o ódio perpétuo, com todas as suas consequências autodestrutivas.

Some-se a isso o fato de que a grande minoria dos pais é *somente* ruim. Eles também fizeram coisas boas, afinal, criaram uma pessoa. Mesmo que tenham sido muito rígidos, só queriam o bem dos filhos. O sentimento de certa gratidão torna ainda mais difícil para as pessoas afetadas admitirem o que os pais de fato fizeram com elas.

O descolamento dos pais é frequentemente impedido também pela esperança inabalável de que em algum momento tudo fique bem. As pessoas não cansam de lutar pelo amor e pela aprovação dos pais. Vemos, por exemplo, o executivo de 60 anos ainda torcendo por uma mera palavra de reconhecimento da mãe de 85 anos.

Essa percepção deturpada dos próprios pais se instaura principalmente quando a relação com ambos é muito frustrante. Caso a relação com somente um dos pais seja muito desgastante, a criança ainda tem o outro ao qual se apegar. Isso lhe proporciona certa segurança, o que lhe permite recusar o outro, pelo menos internamente. Se tem uma mãe amorosa mas um pai ameaçador, por exemplo, a criança adquire uma base sólida por meio da mãe e pode se distanciar do pai. Uma criança de mãe ou pai solo não tem esse recurso, a não ser que haja outros cuidadores próximos.

Pessoas com a autoestima ferida em um nível profundo e autodestrutivo também podem estar ligadas aos pais por motivos de vingança (mesmo quando eles já morreram). Inconscientemente, exercem o ódio aos pais buscando a comprovação eterna de que eles fracassaram. Projetam sua vida de forma infeliz e sem sucesso para dar o troco (de forma inconsciente). Assim demonstram que eles fracassaram na criação. De forma alguma os métodos de criação podem ser justificados por meio do sucesso da criança. Em virtude do ódio por si mesmas, o boicote pessoal também cumpre outro objetivo: a autopunição.

As experiências de infância são realmente tão formativas?

Nas conversas com meus clientes, percebo que muitos têm dificuldade de aceitar que as experiências de infância tenham tamanha influência na vida adulta. Desejam encerrar a conversa sobre a infância e não querem responsabilizar os pais por seus problemas. Dizem: "Agora sou adulto e posso tomar minhas próprias decisões." Esse tipo de atitude está correta, mas as situações vividas na infância influenciam enormemente as decisões que tomamos e forma como pensamos e sentimos. As experiências de infância são tão definidoras porque são as primeiras experiências de aprendizado, enquanto o cérebro ainda está em desenvolvimento. Elas se internalizam na estrutura cerebral.

Um estudo mostrou que bebês com mãe menos empática formam menos neurônios-espelhos em comparação com crianças com mães empáticas. Os neurônios-espelhos são essenciais para a capacidade de se colocar no lugar do outro. Quanto mais deles temos, mais empatia conseguimos ter. Pessoas que desenvolveram menos neurônios-espelhos têm dificuldade de julgar os outros corretamente. Essa falta de sensibilidade natural só pode ser compensada por meio da razão. Isso significa que as pessoas afetadas precisam equilibrar sua empatia deficiente por meio de uma compreensão racional da situação, pois lhes falta pura e simplesmente a estrutura cerebral da compreensão empática, os neurônios-espelhos. As experiências de aprendizado da primeira infância, portanto, também moldam nossa estrutura cerebral e, consequentemente, nosso hardware e software psíquicos.

Seus pais também não tiveram uma vida fácil

Faço questão de explicitar que pais "difíceis" na verdade também foram criados em meio a relacionamentos problemáticos. Poucos pais cometem erros por maldade. A maioria o faz em virtude de sobrecarga ou desconhecimento. Para desenvolver uma compreensão mais profunda dos condicionamentos da infância, é importante destacar o papel dos pais, mas é essencial também que se faça um esforço para observar os condicionamentos de infância dos pais de modo a ter certa compreensão de suas fraquezas. Considero extremamente importante a reflexão pessoal, ou seja, a consciência das próprias fraquezas e pontos fortes, porque tenho a convicção de que isso pode levar à atitude correta. Somente a análise honesta de si mesmo pode trazer a compreensão de quem você é. Somente depois disso você pode desenvolver compreensão pelo outro, ou seja, pelo comportamento de seus pais.

Autoestima biográfica

Além da criação, o ambiente em que crescemos e o estilo de vida moldam nossa autoconfiança. Chamo essa influência de "autoconfiança biográfica". Ela afeta esferas específicas da autoestima. Se uma pessoa, por exemplo, nasce em uma família de artesãos, desenvolve a crença interna de que também tem talento artístico. Ela se identifica com sua família nesse aspecto. É difícil quando ninguém da sua família fez faculdade, por exemplo, e você é o primeiro a cursar. Nesse caso, você duvidará de suas capacidades intelectuais em comparação com colegas que têm ou tiveram familiares com curso superior.

Para a autoconfiança biográfica pode ser suficiente ter *um* parente com certas habilidades ou determinado estilo de vida que sirva de orientação. Há pessoas que não se identificam no que se refere à carreira com os pais, mas com um tio ou uma tia.

A identificação com a família de origem, realizada de maneira inconsciente, geralmente tem grande repercussão na nossa autoavaliação. E influencia o quanto confiamos em nossas aptidões. Devemos tomar consciência dessa influência quando analisamos a autoestima, pois quanto mais confiança temos em nós mesmos, mais fácil aprendemos, já que as inseguranças não bloqueiam o aprendizado. É mais difícil tocar um instrumento quando ninguém da família tem talento musical. Falta justamente o exemplo que nos dá autoconfiança. Soma-se a isso o fato de que os pais muitas vezes não incentivam habilidades nos filhos que eles próprios não têm. Porque não reconhecem essa vocação como um talento artístico e porque pensam: "De onde meu filho tirou essa ideia?"

Pessoas que desenvolvem algo positivo muito distinto do estilo de sua família precisam viver mais situações de sucesso para acreditar em seu talento.

Outras causas da baixa autoestima

Você pode se perguntar se todas as influências da infância resultam do estilo parental ou se a baixa autoestima tem outras causas não relacionadas com a família. É evidente que fatores do período de desenvolvimento têm um papel importante, como predisposições genéticas, a influência de amigos e professores, o ambiente no qual crescemos, etc. Os pais, porém, têm uma parcela fundamental de influência. Uma criança que sofre bullying na escola, por exemplo, é acolhida e aconselhada de forma muito diferente em um lar amoroso em comparação com uma criança que tenha pais menos compreensivos. O bullying – uma influência negativa não causada pelos pais, mas pelos colegas – pode ser mitigado consideravelmente por pais acolhedores.

Pode-se afirmar que outros fatores que não o estilo parental podem compensar o comportamento dos pais. Para muitas pessoas, os pais não foram a referência de afeto da infância, mas uma avó que amortecia, com sua atenção amorosa, as lacunas deixadas pela mãe sobrecarregada. O incentivo de outras crianças, professores ou outras pessoas importantes pode ter boa influência nesse sentido. E, nesse contexto, a índole natural da criança é especialmente decisiva. Crianças extrovertidas têm uma vantagem aqui, pois buscam ajuda ativamente e têm emoções mais afloradas em comparação com as introvertidas – procuram uma pessoa de confiança para conversar sobre seus problemas familiares. Crianças introvertidas, por outro lado, tendem a guardar os problemas para si. Conversar e buscar ajuda são estratégias mais eficazes de resolução de problemas em comparação com ruminação e silêncio.

Em resumo, pode-se afirmar que pais amorosos são quase como um manto protetor que carregamos pela vida toda. Já relacionamentos parentais difíceis são, infelizmente, uma hipoteca que pode sempre sobrecarregar os filhos, a não ser que queiram encarar e analisar a questão.

Experiências na vida adulta, contudo, podem fragilizar muito a autoestima. Estresse extremo, como um acidente de trabalho quase fatal, tende a abalar profundamente a autoestima, como comprovado pela pesquisa sobre o transtorno de estresse pós-traumático (TEPT). O TEPT é uma reação psíquica duradoura a um acontecimento gravemente estressante. As pessoas afetadas sofrem de medo, depressão e alta irritabilidade, entre outros sintomas. Experiências traumáticas, mesmo quando ocorridas somente na vida adulta, têm um efeito muito negativo na autoestima, pois dão a impressão de que a pessoa é muito vulnerável. Quem sofre um trauma sofre também um forte abalo em sua confiança no mundo como um lugar seguro.

A criança interior

A soma das experiências da infância e das nossas características inatas forma nossa essência, determinada por nossa "criança interior". É uma metáfora bastante utilizada em psicologia, que pode ser de fato imaginada como uma criança. Pode-se falar ainda em idade subjetiva. A maioria das pessoas pode atribuir uma idade à sua essência quando entram em contato com seu interior, e se foram honestas, essa idade ficará entre 3 e 6 anos. Minha criança interior, por exemplo, tem 4 anos. Ela é como uma sensação de si mesmo e também uma forma fundamental de viver em cuja frequência oscilamos, com margens para cima e para baixo. Minha criança interior é alegre, cheia de entusiasmo e muito sociável. Sente-se triste quando ocorre algo concreto. Tem confiança em si mesma e nos outros. Porém não gosta de ficar sozinha e tem medo de morrer ou de perder alguém próximo. A disposição fundamentalmente positiva e otimista que trago em mim vem de minha infância feliz e de minha índole inata. Minha predisposição genética é de extroversão, o que determina minha sociabilidade, minha disposição de correr riscos, meu entusiasmo e meu bom humor. A infância feliz me garantiu um apego seguro que faz com que eu pense essencialmente: *Eu estou bem, você está bem.*

Uma pessoa que teve uma infância difícil e tem predisposição genética para ruminação e ansiedade carregará dentro de si uma criança interior que se sente insegura no mundo, pois sempre espera ser rejeitada. A disposição geral dessa criança é mais desanimada e ela se sente facilmente ofendida. Hesita em falar com os outros e não tem confiança para a autodeterminação. Quando adulta, sempre se encontra em situações nas quais ela ou, conforme o caso, sua criança interior se sentirá como na infância: pequena, insignificante e rejeitada.

É muito importante reconhecer essa parcela interna, a criança interior em nós, bem como diferenciá-la da parcela interna adulta denominada "adulto interior".

Veremos a seguir como fazer isso.

CAPÍTULO 3

QUERO SAIR DESSA SITUAÇÃO!

Por que a psicoterapia ajuda? O objetivo do processo terapêutico é reconhecer a programação individual da pessoa e remediar, ou pelo menos reduzir, as falhas dessa programação por meio de correção, tudo feito junto com a própria pessoa. Essa correção pode ser realizada combinando-se medidas distintas: é preciso desenvolver uma nova percepção de si mesmo e dos outros, além de novas formas de sentir e pensar e, consequentemente, uma forma diferente de tomar decisões. São essas etapas do aprendizado – iniciando-se pelo reconhecimento de si – que estou tentando realizar com você por meio deste livro.

Nos próximos capítulos você descobrirá muito sobre si e terá a oportunidade de mudar sua autopercepção. Há pequenos exercícios que, se realizados com calma, promoverão uma mudança depois de certo tempo – não somente sua percepção de si mesmo, mas também dos outros e das interações sociais.

Essa nova percepção possibilita configurar um jeito diferente de pensar e sentir que acaba por abrir caminho para decisões diferentes. Nossa percepção, nossos sentimentos, nossos pensamentos e, consequentemente, nossos atos se condicionam mutuamente. Quanto mais consciência tivermos dessas interações, mais poderemos influenciá-las e fortalecer nossa autoestima.

Como se tornar mais autoconfiante

Vou ajudar você a fortalecer sua autoestima em quatro níveis: 1) reconhecer a si mesmo; 2) aceitar a si mesmo; 3) tornar-se capaz de agir e 4) lidar melhor com as próprias emoções.

Abordarei primeiramente o nível da *autoaceitação*. Mostrarei a você como se tornar seu amigo, ou, em outras palavras, como acolher a si mesmo.

Depois abordarei o tema da *comunicação*. Ajudarei você a afirmar-se adequadamente perante os outros. Também chamarei sua atenção para possíveis pontos cegos na comunicação, para que você desenvolva uma sensibilidade maior para identificar de que modo você pode estar contribuindo para alguns problemas nos seus relacionamentos interpessoais.

O terceiro nível é o do *agir*. Ajudarei você a projetar sua vida de forma ainda mais ativa e independente.

O quarto nível é o do *sentir*. Vou explicar como você pode entender e regular suas emoções com mais sabedoria.

Em cada um deles abordarei também o nível corporal, seja por meio da respiração, da postura ou da percepção física de estados emocionais.

Existe uma íntima relação entre psique e corpo. O medo que nos paralisa fisicamente, por exemplo, também afeta nossos pensamentos. Do mesmo modo, sensações físicas intensas são precedidas e induzidas por pensamentos. Ao olhar para um trabalho ruim que fizemos, por exemplo, podemos pensar: "Meu chefe vai acabar comigo!" E o coração dispara.

Quando uma pessoa vive sob estresse crônico, seu equilíbrio mental e físico fica seriamente comprometido. Pessoas que vivem sob estresse permanente apresentam uma predisposição maior para a liberação de hormônios do estresse como o cortisol. Isso porque os hormônios do estresse normalmente nos ajudam a lidar melhor com desafios, ao fazer com que o corpo entre em alerta rapidamente. Mas como a pessoa que vive permanentemente estressada está sempre sob tensão, justamente quando ela precisa do "botão de emergência", ele não funciona. A tensão permanente faz que se tolere ainda menos o estresse. A ativação constante dos hormônios do estresse leva a pessoa a enxergar praticamente tudo como fator estressor – um círculo vicioso que coloca o corpo em constante tensão. A partir daí, esse indivíduo se torna muito inquieto, não consegue se acalmar e sente-se permanentemente impelido a fazer algo – até que o sistema entre em pane em algum momento. Os sentimentos, pensamentos e reações corporais estão, portanto, intimamente ligados. Muitos estudos comprovam que mudanças físicas podem gerar mudanças emocionais por meio da postura, da respiração ou do exercício físico. Podemos aprender a nos acalmar, por exemplo, por meio da respiração consciente.

É importante saber que, no contexto das reações corpo-mente, o corpo aprende mais devagar que a razão. Tomemos os hormônios do estresse como exemplo: quando a pessoa decide levar a vida de forma mais tranquila e aprende a relaxar, o corpo precisa de cerca de seis semanas para entender e processar que algo mudou. Ter consciência disso ajuda em processos de mudança, pois o corpo às vezes pode nos enganar.

Uma cliente minha, por exemplo, sofria havia muito tempo de ataques de pânico, até que aprendeu a controlá-los muito bem. Mas continuou tendo reações corporais como taquicardia por um bom tempo. Nesses momentos, ela se acalmava lembrando a si mesma que seu corpo ainda precisava de alguns minutos para entender que não havia mais medo. Isso fez com que ela rompesse o círculo vicioso da reação física, bem como do pensamento subsequente ("Tenho medo").

Se você estiver no caminho da mudança, é importante mobilizar a paciência, a compreensão e a compaixão por si mesmo. A autoestima é o epicentro da psique. Ela está localizada em um nível muito profundo e não se deixa impressionar por medidas rápidas e superficiais como dizer a si mesmo que está tudo bem. O processo demanda perseverança. Mas é possível e vale a pena.

Autoaceitação

A principal diferença entre pessoas inseguras e pessoas confiantes é que estas aceitam suas fraquezas, enquanto as primeiras correm atrás de um ideal inalcançável. A pessoa insegura compara seu eu ideal com o que considera seu eu real e se sente mal por não preencher os requisitos. Muitas pessoas inseguras acham que deveriam ser mais bonitas, mais inteligentes, mais perspicazes e mais competentes em muitos sentidos. No entanto, mais importante do que ser mais bonito e mais capaz é se aceitar com seus problemas e defeitos. O que os inseguros costumam rejeitar acima de tudo é o fato de que são inseguros. Em minha prática como psicoterapeuta, percebi que aceitar as próprias inseguranças é um passo fundamental para a cura.

Aceite sua insegurança

Por favor, pare de lutar contra isso. Você tem o direito de ser inseguro. Provavelmente você ou sua criança interior colecionou acontecimentos frustrantes suficientes na infância para ser tão inseguro hoje. Seja compreensivo consigo mesmo.

O problema não é ser inseguro, mas se enganar e, conscientemente ou não, prejudicar a si mesmo e os outros. O ruim é lutar contra a insegurança com métodos errados, como depreciar os outros para se sentir melhor, ou deixar de tentar algo por medo de cometer erros.

É possível sentir emoções no campo físico, ainda que nem sempre tenhamos consciência desse fato. São sensações muito poderosas. Elas determinam nosso estado interno. Você deve conhecer esse processo muito bem: quando se sente especialmente inseguro, percebe mudanças no corpo, como suor excessivo, taquicardia, tremores nas mãos. Esses são apenas alguns dos sintomas típicos que nos comunicam que estamos com medo.

É por isso que vou sugerir um pequeno exercício: feche os olhos e direcione sua atenção para o centro do corpo, para a região do peito e da barriga. Perceba a profundidade da sua respiração sem querer corrigi-la. Observe se está bloqueada em algum lugar. Em seguida, tente sentir sua insegurança. Para isso, você pode pensar em uma situação concreta na qual se sente inseguro. Como seu corpo sente isso? Você talvez sinta formigamento no estômago, aperto no peito, aceleração dos batimentos cardíacos, etc. Preste atenção por alguns momentos. Depois, diga internamente: *É assim que me sinto. Isso faz parte de mim*. Tente sentir tais frases no centro do corpo. Inspire e expire fundo e sinta como é relaxante simplesmente observar o que acontece com você.

Muitos clientes com os quais faço esse exercício sentem surgir pensamentos como *Não sei fazer nada, Não sou bom, Não tenho valor*. Peço, então, que respondam a essas vozes internas, dizendo: *Exatamente, isso é o que você pensa sobre si mesmo. É sua insegurança. É sua insegurança que faz você ter uma autoavaliação errada. É sua insegurança. É isso que ela diz, é assim que você a sente.*

Você não precisa repetir tais frases de forma literal, basta entender o princípio, que é justamente entrar em contato com sua insegurança e aceitá-la.

No dia a dia, oriente suas ações com base nas perguntas *O que faz sentido para mim?* e *O que é correto?*, e não em como se proteger. O importante é tirar o olhar de si mesmo e direcioná-lo à questão ou, conforme o caso, ao outro. Trata-se de ser honesto consigo mesmo. Isso diz respeito aos seus pontos fracos e fortes. Não há problema em sentir inveja, pois todos a sentem. Eu sinto também. O ruim é não admitir tal inveja e vivê-la de forma irrefletida, prejudicando os outros – conscientemente ou não.

O primeiro passo, portanto, é ter consciência de si mesmo, de seus pensamentos e sentimentos. O segundo passo é refletir sobre como agir da forma correta em relação à situação e às outras pessoas. Focar nesses valores mais elevados em vez da autoproteção é libertador e fortalece a autoestima.

Respirar para enfrentar o medo

A cultura ocidental diferencia corpo e mente e afirma que a psicossomática é um estado emocional que se manifesta fisicamente. Uma conversa com o chefe, por exemplo, pode gerar dor no estômago. Em outras culturas, não há essa diferenciação. Minha cliente curda diz que seu coração queima quando sofre uma desilusão amorosa. Pesquisas recentes comprovam que tanto as dores físicas quando as da alma geram atividade no centro da dor no cérebro. Esse órgão não distingue dores físicas das emocionais, e hoje já se sabe que é possível morrer por ter o coração partido. Temos consciência, a partir de experiências cotidianas, que o mal-estar físico também pode nos prejudicar emocionalmente. Quem tem vontade de dançar quando está com dor de dente?

Determinados sentimentos excluem outros. Não se pode estar com medo e relaxado ao mesmo tempo, por exemplo. Um estado de ansiedade enrijece a musculatura do pescoço, o que gera dores de cabeça tensionais. Se o pescoço, por outro lado, estiver relaxado, é mais improvável surgir esse tipo de dor. É por isso que podemos influenciar o bem-estar emocional por meio de práticas corporais. Quem não conhece a sensação agradável de estar esgotado mas feliz após praticar uma atividade física? Há muitas possibilidades de influenciar positivamente a mente por meio do corpo. O trabalho com a respiração é especialmente eficaz.

Lembro-me de uma cliente que me contou: "Com a ajuda da técnica respiratória correta e da psicoterapia consegui me livrar dos ataques de pânico." Antes, sempre que ficava ansiosa, ela começava a respirar de forma superficial. Isso é um reflexo inteligente do corpo, pois uma respiração superficial nos ajuda a não perceber sentimentos desagradáveis de forma tão intensa. Recomendo, portanto, para as idas ao dentista: não respire fundo quando estiver tratando canal. Mas se o medo ou a ansiedade são grandes, tendemos não somente a respirar superficialmente, mas também a inspirar e expirar com rapidez. Menos oxigênio é usado quando ficamos ofegantes. Os dedos formigam e a pessoa fica desorientada. Esse sentimento aumenta o medo, que, por sua vez, instiga um ataque de pânico. A respiração rápida transmite ao cérebro um sinal de "perigo" e ativa o chamado sistema simpático. Resultado: não conseguimos mais nos acalmar. Nessas situações, essa minha cliente perdia o controle da respiração, os batimentos cardíacos aceleravam e ela ficava bloqueada pelo pânico e pela sensação de que não havia saída.

Essa cliente aprendeu, com a terapia, a respirar pela barriga. Você pode fazer isso colocando as mãos sobre o umbigo, projetando a barriga para a frente enquanto inspira e retraindo enquanto expira. Respirar assim tem muitos efeitos positivos no corpo. Os principais são: o corpo fica ereto, há um melhor fluxo sanguíneo nos órgãos do ventre e a musculatura do pescoço relaxa, o que dissolve o estado de medo do corpo e fornece oxigênio na medida necessária. A interação entre relaxamento muscular, circulação sanguínea e postura libera neurotransmissores no cérebro que ativam o chamado sistema parassimpático, responsável pelo sono, pela regeneração celular, pela digestão e pela recuperação do corpo. A respiração correta dissolve tensões e provoca relaxamento. Esse processo é resultado da interação entre nervos, neurotransmissores e hormônios no cérebro.

Minha cliente explicou: "Saber controlar a respiração significou, para mim, ter minha vida sob controle." O importante é fazer o exercício regularmente, seja no metrô ou à mesa da cozinha.

Não tenha vergonha, viva

Um círculo vicioso pode ser desencadeado pela vergonha. Problemas emocionais sempre têm, na verdade, dois componentes. Um exemplo: "Tenho medo de estar entre pessoas desconhecidas." Esse problema em si já seria desgastante o suficiente, mas a situação fica ainda mais difícil quando a pessoa sente vergonha de ter esse problema e se deprecia por isso. Pelo que converso com meus clientes, concluo que esse segundo fator tende a ser até mais desgastante que a dificuldade em si. Vou além: muitas vezes, a vergonha do problema *é* o problema.

Wagner, um homem de 35 anos, tem medo das mulheres. Esse medo tem origem em seu complexo de inferioridade. Ele tem a crença profunda de que não é bom o suficiente para ninguém. Assim que decide se aproximar de uma mulher é tomado pelo pânico e dá meia-volta. Nunca teve relações sexuais. E também não quer se relacionar com prostitutas, pois tem vergonha. A ideia de se abrir com amigos e falar sobre seu problema também lhe é insuportável. Assim, ele guarda o temor para si e sofre por não poder compartilhar sua dificuldade com ninguém. Wagner está preso no círculo vicioso da vergonha. A vergonha impede a solução do problema, pois para solucioná-lo é preciso reconhecê-lo. Isso seria o requisito para se aproximar de uma mulher. Ele precisaria ter coragem de se mostrar com seu medo.

Assumir o problema representa a cura em alguns casos. O problema pode se dissolver no ar quando é aceito. Quando assumo para mim, por exemplo, que fico levemente corada por ter vergonha de algo, provavelmente isso vai acontecer com menos intensidade ou frequência, pois passa a não me envergonhar mais. Acontece o mesmo com questões ligadas à insegurança. É por isso que recomendo que se assuma a insegurança tal como ela é.

Para assumir os próprios problemas, é preciso mudar a postura interior em relação a eles. Isso significa que se deve desenvolver uma relação amistosa e compreensiva com o problema. Um passo importante nessa caminhada é o exercício já mencionado de sentir o problema no centro do corpo e dizer: *É assim que me sinto.*

Quem quiser desenvolver compreensão de si mesmo e de seus problemas pode se beneficiar da compreensão da origem do problema. Se admitisse ter tido uma criação extremamente rígida e com regras muito estritas, o que fez com que já se sentisse inadequado quando criança e adolescente, Wagner compreenderia melhor seus complexos e lidaria melhor com eles.

O cerne da autoaceitação é se acolher com bondade e com a consciência de ser insuficiente. Pense em quais pessoas, animais ou objetos você ama apesar de não serem perfeitos ou justamente por não serem perfeitos. Depois, tente transferir tais pensamentos e sentimentos para si mesmo.

Aceite seus pontos fracos e identifique os fortes

Pessoas inseguras supervalorizam suas fraquezas e desvalorizam seus pontos fortes. A percepção de si mesmas é deturpada. Uma cliente minha que tinha baixa autoestima atribuía seu problema quase exclusivamente a sua pele com imperfeições. Quando jovem, havia tido acne intensa, a ponto de não ter coragem de sair de casa. Quando adulta, a pele melhorou muito, mas ela ainda se sentia como uma menina de 14 anos.

Por outro lado, ela tinha muitos elementos bastante valorizados pela sociedade, como um corpo bem bonito. Mas quase não percebia seus pontos fortes, ou não dava o devido valor a eles. Dizia ser "esquálida", mas muitas mulheres certamente diriam que ela tem "corpo de modelo". Essa autodescrição parcial e deturpada é típica de pessoas inseguras.

Inicialmente, trabalhei com essa cliente a percepção realista de seus pontos fracos. A percepção de que sua pele não era lisa o suficiente era exageradamente negativa e estava ligada aos sentimentos da juventude. Depois, precisei trabalhar com ela a aceitação e uma maneira saudável de lidar com isso. Procuramos relativizar seu problema: há situações muito mais dramáticas que uma pele com imperfeições. Por fim, trabalhei com ela a percepção de seus pontos fortes e a integração deles com sua autoimagem.

O objetivo era desenvolver uma autoimagem completa e adequada e internalizá-la, bem como conviver com seus pontos fracos, e não lutar contra eles. Antes de qualquer coisa, é preciso submeter as próprias fraquezas a uma verificação de realidade: muitas pessoas inseguras julgam suas (supostas) fraquezas de forma exageradamente negativa. Conversar com amigos próximos para obter uma avaliação externa sobre a realidade pode ser de grande auxílio. Além disso, deve-se tentar fazer uma demonstração de provas: se você acredita que é um fracassado, pense quando exatamente e de que forma você fracassou. E quando e onde você não fracassou ou até mesmo teve sucesso? E que raios o fracasso em determinada tarefa tem a ver com seu valor como pessoa? O que esse sentimento de fracasso tem a ver com sua realidade atual? Reflita se esse sentimento não resulta mais de experiências da infância do que de seu desempenho objetivo na vida adulta. Muitas pessoas inseguras superdimensionam suas experiências malsucedidas.

Uma cliente minha concluiu o curso de licenciatura para ser professora de ensino médio. O período de estágio foi um inferno para ela. Os professores eram muito rígidos e ela tinha o medo constante de fracassar. Seus receios a bloqueavam quando dava aula, o que de fato fez com que tirasse notas ruins no estágio. Ela se envergonhava tanto que não queria falar com ninguém sobre isso. Chegou a decidir mudar de carreira.

Sua baixa autoestima e sua vergonha tinham origem na infância. Seu pai usava métodos humilhantes e extremamente autoritários, e sua mãe, acuada, não lhe forneceu um exemplo de autoestima saudável. Ela carregou esse sentimento fundamental de inferioridade para sua formação, e seu fracasso no curso o fortaleceu. Minha cliente sentiu que tinha mais uma comprovação de que era incapaz.

Minha perspectiva da situação, no entanto, foi muito menos dramática: naturalmente ela desenvolveu baixa autoestima na infância, que, em combinação com os professores rígidos e pedagogicamente incapazes, a levou à paralisia. Isso é compreensível. E muito lamentável, mas será que é preciso ter vergonha dessa experiência? Se uma amiga tivesse lhe contado uma história semelhante, ela teria compreensão da situação, e não menosprezaria a amiga. Somente com ela mesma a sentença era tão implacável, o que, aliás, é um fenômeno muito frequente. O comportamento julgado como muito grave em si mesmo é avaliado como algo leve nos outros. Muitos dizem: "Não acho grave quando isso acontece com os outros, mas acho terrível quando é comigo." Tente, por favor, incluir suas experiências de infância e de vida nas avaliações que faz sobre si mesmo. E saiba ser tão acolhedor com sua história de vida como seria com um grande amigo.

Quando voltamos nossa atenção para nossos pontos fracos, é importante aceitar nossos limites. Uma receita infalível para a infelicidade é a comparação constante com pessoas que sabem mais, são mais talentosas ou mais bonitas. Essas falsas medidas de comparação não ajudam em absolutamente nada. O importante é se analisar dentro de suas próprias possibilidades. A maioria das pessoas não tem um talento excepcional, não é extremamente inteligente nem incrivelmente linda. A autoestima saudável busca reconhecer a realidade e aceitá-la, e não correr atrás de falsos ideais. Não é preciso ser perfeito, basta se esforçar. Essa é a arte da vida. Nem a desvalorização das próprias habilidades nem a supervalorização de si mesmo são saudáveis, e ambas fazem mal à autoestima. Aceitar-se implica ter coragem de encarar a realidade, incluindo erros, limites e fraquezas. Quando você não admite que às vezes reage com agressividade, não pode fazer nada a respeito, não há sinal de que pode mudar de atitude. Quando não assume que foge das responsabilidades, a situação permanece assim. Quando não reconhece os limites de sua capacidade, nunca está satisfeito com o seu desempenho.

Uma observação para pessoas muito inseguras

Esforços honestos e uma auto-observação profunda só podem ocorrer quando não estamos tão inseguros a ponto de termos um medo paralisante de encarar a realidade. Uma pessoa que se sente muito fragilizada fica sobrecarregada pela ideia de lidar com suas fraquezas. Ela está em constante batalha para sobreviver psiquicamente. Só consegue sobreviver por meio da repressão de acontecimentos e feridas do passado, bem como fechando os olhos para si mesma. Nathaniel Branden escreve no livro *Die 6 Säulen des Selbstwertgefühls* (Os seis pilares da autoestima) que existe um nível ainda mais existencial abaixo da autoestima, a autoaceitação. Esse nível corresponde ao egoísmo positivo e inato, ao direito de viver e lutar pela vida. Trata-se do respeito por nós mesmos. Sem ele, segundo Branden, nenhuma intervenção teria efeito. Ele recomenda às pessoas, portanto, que digam a si mesmas as seguintes palavras: *Decido me valorizar, tratar a mim mesmo com respeito e lutar pelo meu direito de existir.* Trata-se, portanto, de se conceder o direito à vida. Quem tem problemas muito arraigados de autoestima resiste a essa afirmação fundamental. Essas dúvidas resultam de experiências de não aceitação da infância. Infelizmente, nem toda mãe ou todo pai estão bem preparados para a função e podem ter problemas para aceitar o filho.

A criança sente isso em um nível profundo e carrega a rejeição da mãe ou do cuidador principal como forma de viver. As pessoas afetadas rejeitam a própria existência em um nível muito profundo.

Segure sua criança interior pela mão

Já apresentei a parte da nossa personalidade denominada criança interior. Essa criança interior determina, na maioria dos casos, como nos sentimos e agimos. Ela é condicionada por nossas experiências de infância e pelos traços inatos da nossa personalidade. Além dessa criança interior há a parte adulta dentro de nós. Esse adulto interior costuma saber exatamente o que é certo e errado para ele. Ele também tem consciência de que muitos dos seus medos (ou da criança interior) são desnecessários e exagerados. É o adulto interior que costuma pensar: *No plano racional, tudo isso é evidente para mim. Ainda assim, não consigo mudar!* O problema é que a criança interior e o adulto interior se misturam, pois a maioria das pessoas acredita que o que sente é "uma coisa só".

Quando você entrar no estado da insegurança e do medo, tome consciência de que se trata apenas de um *aspecto* seu, isto é, a criança interior insegura, e que outro aspecto seu consegue pensar racionalmente e, sobretudo, *consegue agir*. Faça, portanto, uma espécie de segmentação da consciência: 1) existe a criança interior, que sempre se sente insegura, rejeitada e insuficiente; 2) existe também o adulto interior, que sabe, ao menos na teoria, que seus medos são exagerados e que ele é capaz de *agir*.

Caso você seja o tipo de pessoa que não consegue conceber nem mesmo na teoria que seus medos e seu sentimento de inferioridade são exagerados, posso lhe dizer que isso não é verdade. Você se deixou dominar por sua criança interior. Caso seu adulto interior não se manifeste a respeito de seus medos por ser sufocado por sua criança interior, deixe-me ser seu adulto de auxílio por ora. E confie em mim quando lhe digo que seus medos *são* exagerados.

O que fazemos com crianças inseguras? Imagine que há uma criança de 4 anos ao seu lado que está com medo de ir à creche. Você briga com ela? Você a afasta? Você lhe diz que ela está se comportando de forma ridícula e boba? Provavelmente não faria nada disso. Aposto que você a consolaria, a encorajaria e lhe explicaria que ela não precisa ter medo. E como você lida com sua criança interior sempre que ela se sente mal? Você é gentil com ela ou diz frases como "Comporte-se!", "Pare de frescura!" ou "Sabia que você era um fracassado!"? Provavelmente a última opção. E isso não ajuda em nada. Tanto a criança real quanto a interior precisam de acolhimento, não de rejeição. Elas precisam de incentivo, não de humilhação. Todas as crianças, incluindo a sua criança interior, querem ser aceitas do jeito que são, com seus pontos fortes e fracos. Entre em contato com sua criança interior e fale com ela. Ouça suas necessidades e console-a.

Marco Antônio, de 50 anos, é gerente de produção de uma fábrica e um homem experiente. Ele é bom no que faz e gosta de seu trabalho. Tem um problema quando precisa falar com o chefe, em especial quando discorda de sua opinião. Nessas ocasiões, Marco Antônio se sente insignificante e fica apavorado. E detesta se sentir assim. Esse sentimento não se encaixa em sua autoimagem. Ele briga consigo mesmo e diz que precisa "ser homem" para enfrentar o chefe. Mas isso não o ajuda em nada. Pelo contrário, ele se sente ainda mais patético por não "ser homem". Marco Antônio não tem consciência, nessas situações, de que sua criança interior associa seu chefe com seu pai. Ele teve um pai muito autoritário. Quando criança, Marco Antônio não tinha a menor chance de convencer o pai com argumentos, nem mesmo quando tinha razão e o pai estava errado. Então não restava nada mais a fazer exceto ceder. O pai inquestionavelmente tinha poder sobre ele e era o mais forte. Isso marcou a criança interior de Marco Antônio, que até hoje tem medo de autoridades masculinas. Em vez de brigar consigo mesmo (ou, inconscientemente, com sua criança interior), seria muito mais eficiente se ele reconhecesse: "Essa é minha criança interior, que tem medo do pai e transfere esse medo para o chefe." Depois, ele pegaria sua criança interior pela mão e lhe diria o seguinte, colocando-se no papel de adulto interior: "Seus medos vêm do seu pai. Realmente foi difícil no passado. Ele não lhe dava nenhuma chance de impor sua opinião. Mas seu chefe não é seu pai e, além de tudo, eu estou aqui. Sou o adulto e vou falar com o chefe. Você não precisa se preocupar com isso." Dessa forma, a criança interior de Marco Antônio se sentiria compreendida e aceita em seus medos, o que já é reconfortante. E Marco Antônio poderia convencer sua criança interior com um discurso como esse. Talvez seu medo não desaparecesse por completo, mas diminuiria, o que o tornaria mais capaz de agir nessa situação.

Torne-se consciente, portanto, de que grande parte de seus medos vem de condicionamentos de infância – é a criança interior que age quando você se encontra em estado de insegurança. Mantenha contato com ela e acolha-a com carinho e compreensão. Porém você não deve recuar de seus medos: *medos são superados por ações, e não por fuga*. A criança interior pode, portanto, declarar seus medos, mas é você, o adulto, que determina o que deve ser feito. Por fim, o adulto interior precisa fazer com você o que seus pais não fizeram. Ele tem o papel de conduzir sua criança interior e lhe trazer a solidariedade e o suporte de que ela precisa.

Há um conceito na psicologia chamado *containment* (conter ou amparar). O *containment* acontece quando um bebê chora, e a mãe, que está com ele no colo, sente o estresse e a dor que ele está sentindo naquele momento. A mãe se compadece e acolhe a dor do bebê. E lhe diz palavras de conforto amorosas, como "Pobrezinho, você está dodói". Assim ela transforma um sentimento negativo em positivo. O bebê pode até continuar sentindo dor, mas se sente protegido e amado pela mãe. Se a reação da mãe fosse brigar, isso faria o estresse do bebê aumentar, e caso isso acontecesse com frequência, o bebê aprenderia que não há saída para sentimentos ruins. Por meio de sua reação amorosa, a mãe remove parte do estresse do bebê. Se ela o repreendesse, aumentaria seu estresse. Se você assumir a posição do adulto amoroso, acalmará e consolará sua criança interior. Amenizará o estresse.

Se você tiver uma insegurança muito profunda, ou seja, duvidar inteiramente de si e de seu direito de estar neste mundo e de poder se defender, imagine-se como um bebê e pergunte a si mesmo se essa criança não tem o direito de viver, de ter uma vida boa. Tente dissociar a postura de sua mãe (ou de seu cuidador principal) de seu direito fundamental à vida. Pode ser que sua mãe estivesse muito sobrecarregada; provavelmente ela mesma não foi aceita e amada pela mãe dela. Mas tenha consciência de uma coisa: foi *sua mãe* quem fracassou, não você. Você veio ao mundo como uma pessoa inocente. Você pode precisar de paciência para convencer sua criança interior disso, mas vale a pena.

Escreva uma carta para si mesmo

Aconselho meus clientes a ter um caderno terapêutico para anotar pensamentos, sentimentos, preocupações, alegrias e descobertas. Escrever faz com que pensemos nas coisas até o fim. Isso ajuda a termos precisão e profundidade. Além disso, fixamos melhor novas informações quando as escrevemos, pois muitos sábios entendimentos podem se perder no fluxo na rotina. Estudos apontaram que colocar sentimentos e pensamentos no papel fortalece o sistema imune, pois a escrita proporciona alívio. As preocupações desaparecem da cabeça quando são colocadas no papel.

Às vezes incentivo meus clientes a escrever uma carta para si mesmos. Ela deverá seguir o estilo de uma mensagem para um bom amigo. O remetente aborda os problemas do amigo com um tom acolhedor, relembra os pontos fortes dele e, se possível, lhe indica possíveis soluções. Exemplo:

Querido Carlos,

Eu me preocupo bastante com você, pois vejo que, em vez de simplesmente agir, você fica remoendo as coisas e perde oportunidades. E você é uma pessoa incrível: é trabalhador, um pai amoroso, bom amigo e, não menos importante, um fenomenal jogador de futebol. Você tem tudo para ter orgulho de quem é. Suas inseguranças nada têm a ver com o que você faz, com o que sabe fazer, com o que alcançou até agora, mas isso diz muito sobre acontecimentos antigos que você não consegue esquecer, como o divórcio dos seus pais e o bullying sofrido na escola.

A separação dos seus pais foi bem difícil, eu sei. Sua mãe ficou muito mal e só chorava e brigava com seu pai. Você não tinha como consolá--los. E não havia como trazer seu pai de volta. Mas não foi sua culpa! Quando criança, você sempre acreditou que deveria fazer sua mãe feliz. Sempre tentou não lhe causar preocupações, ser bem-comportado, tirar boas notas. Por isso você foi zombado na escola. Mas você guardou sua dor para si, para não levar mais preocupações para sua mãe. Sei que você se sentiu muito sozinho naquela época. E não conseguia conversar com seu pai, que também tinha suas preocupações.

Ainda hoje você acha que tem que resolver tudo sozinho, que não pode ser um fardo para ninguém. Lá está esse antigo medo de criança de ser visto como o "nerd chato", de atrair inveja para si, em vez de simplesmente mostrar do que é capaz.

Mas o pior de tudo é esse ciúme excessivo. Você sempre está com medo de que sua esposa o abandone. O ciúme é seu maior sofrimento. Sei que é muito difícil para você. Não tenho um conselho específico para você sobre isso, sobre como se livrar disso, mas posso lhe dizer que, pelo menos, compreendo seu sentimento: você não quer viver nunca mais a ruptura de sua família.

Tente simplesmente ter consciência de que todos os seus medos têm a ver com o passado. Quando criança, você não teve chance de intervir na sua vida e de fazer seus pais ficarem juntos novamente. Mas agora você é adulto e o mundo é diferente. Hoje você tem muito mais poder sobre seu destino do que antigamente. Acabei de lembrar que você sempre foi uma criança muito corajosa. Subia em todas as árvores, pulava de trampolins, até defendia seus amigos. A coragem está dentro de você, basta encontrá-la novamente.

A carta pode ser do tamanho que você quiser. O importante é olhar para si mesmo com compreensão.

O que fazer se sou um narcisista?

Pessoas com estrutura narcisista pronunciada, em comparação com quem sofre de baixa autoestima, não têm consciência de seu problema. O eu superior mantém o eu inferior perfeitamente em sigilo. Lampejos de dúvidas dolorosas a respeito de si podem até chegar à superfície da consciência de vez em quando, mas são rapidamente banidas à clandestinidade, pois o narcisista as vivencia como ameaçadoras.

Se você quiser entender a estrutura narcisista, é preciso ter em mente que a pessoa afetada construiu uma vida de mentira para si mesma e para o mundo. Isso a diferencia de outras pessoas com baixa autoestima. Quem *sofre* com baixa autoestima tem consciência de tal sofrimento. Ao contrário dos narcisistas, essas pessoas sentem sua fraqueza. Sentem de forma intensa, até muito intensa, e essa é a raiz do problema. O narcisista, por outro lado, faz (inconscientemente) o contrário: reprime seus pontos fracos e se agarra a seu eu superior. É por isso que tem medos existenciais da própria desilusão. Está preso em um círculo vicioso: para encarar seus problemas, precisaria desmontar sua defesa. Isso, porém, ameaçaria o colapso de seu eu superior. E é exatamente o eu superior que lhe dá suporte na vida. O autodesprezo reprimido poderia romper, transbordar e abalá-lo profundamente.

Todas as pessoas com problemas de autoestima precisam ter muita paciência e compaixão por si mesmas. O narcisista precisa ter ainda mais. Essa exigência, entretanto, vai contra seu autodesprezo. Como ter compreensão quando você se rejeita com tanta intensidade? Recomendo aos narcisistas, portanto, que encarem seus problemas pouco a pouco e de uma perspectiva muito racional no início, de preferência com ajuda profissional. Isso é importante para que não percam o chão.

Se você suspeitar de que talvez tenha traços narcisistas, comece tomando distância desse problema. Então, se possível, observe seu comportamento de fora. É muito importante que você não acredite em suas vozes internas, que querem convencer você de que você não vale nada. Antes de permitir que medos e dúvidas enormes entrem em seu sentir consciente, analise sua infância. Isso é importante para você entender de onde vem o problema da autoestima. Você não pode se identificar com seu autodesprezo. Você não pode penetrar muito profundamente nele antes de construir uma *proteção*. Essa proteção é sua razão. Ela precisa inicialmente reconhecer, no nível teórico, que você foi muito ferido quando criança e que essa ferida lhe foi infligida *de fora*. Você não é mau, é sua criança interior que *acredita* erroneamente que seja má. Você é uma vítima de sua criação e de suas experiências da infância, que transformaram isso num traço de personalidade. Tente fazer um inventário pessoal.

A maior prioridade agora é unificar seus pontos fortes e fracos em sua autoimagem. Como narcisista, você está especialmente suscetível ao pensamento em preto e branco. Isso significa que ou você se identifica com seu eu superior e acredita ser "o maioral", ou você entra em seu eu inferior e acredita ser "um inútil". Nem a glorificação nem a condenação são realistas. Você pode imaginar seu eu inferior e seu eu superior como dois cômodos internos: ou você está internamente em seu salão dourado (o eu superior) ou em sua câmara escura (o eu inferior). Você está ofuscado no salão dourado e só vê a escuridão na câmara escura. Tente desmontar esses cômodos e transformá-los em um apartamento aconchegante no qual você possa se abrigar na pele de quem você é de fato. É crucial que você faça uma avaliação adequada de suas capacidades. Isso vale tanto para seus pontos fortes quanto para seus pontos fracos. Se você enfrentar seu eu superior, não o desmonte por completo. Ele tem razão em muitas coisas, mesmo que tenda a exagerar. Você tem muitos pontos fortes e já alcançou muitas coisas na vida. Pode ter orgulho de si mesmo. Quando olhar para suas fraquezas, tente ter a real dimensão em mente. Se você achar que é um "zero à esquerda" e um "fracassado", saiba que isso não é verdade. Tome consciência de que, como acontece com todas as pessoas com baixa autoestima, sua insegurança se baseia em crenças falsas internalizadas na infância, que se tornaram uma bagagem pesada.

Você também deve ancorar sua proteção fisicamente, para que não permaneça tão abstrata. E isso funciona muito bem com a ajuda da respiração. O objetivo é unificar seu eu inferior e seu eu superior em um eu adequado. Imagine, quando inspirar fundo, que está lá em cima (eu superior), e quando expirar, que está bem embaixo (eu inferior). Oscile entre ambos os estados durante a inspiração e a inspiração, unificando-os. A vantagem desse exercício é que você pode fazê-lo a qualquer hora e em qualquer lugar. Seu corpo aprenderá, assim, a ter um novo estilo de vida para se ancorar: um sentimento unificado de si mesmo em vez da oscilação entre extremos.

Um dos seus maiores desafios é aceitar que você não é excepcional. Se trilhar o caminho do autoconhecimento, você precisará se acostumar à ideia de que a média pode ser sim um objetivo que vale a pena buscar na vida. Isso não significa que você não seja, de fato, excepcional em uma ou outra área, mas que precisa considerar seus limites.

Desconstruir suas estruturas narcisistas é um caminho longo e difícil, no qual você volta e meia vai encarar abismos que lhe mostrarão seu eu inferior. Justamente por você sempre ter conseguido reprimir suas dúvidas sobre si, o contato com elas o abalará mais que a alguém que sempre teve consciência delas. Quanto mais você tiver fugido de seu eu inferior até o presente momento, mais o conhecimento íntimo dele chocará você. E repito: é muito importante que você não se identifique com esse eu inferior, pois ele é sua criança interior humilhada que foi muito negligenciada até agora. Mas ela é somente parte de sua personalidade. Essa criança precisa de solidariedade, compaixão e compreensão por parte de seu adulto interior. *Você* não é mau e sem valor; essa é somente a *crença* de sua criança interior.

Quando entrar em contato com seu eu inferior e sentir-se como em uma câmara escura, você pode permitir que esses sentimentos de sua infância aflorem para conhecê-los melhor. Encare-os com compaixão. Encare a criança humilhada neles com benevolência. Ouça o que ela tem a dizer e tente consolá-la como um adulto bom. Momentos sombrios, nos quais você sente suas dúvidas, virão e passarão. Não se preocupe, você não afundará neles. O importante é ter sua proteção interna, que é sua razão ou, conforme o caso, o adulto em você – seu adulto interior sabe que se trata de um mero estado interno no qual você se encontra e que esse *estado interno* não é a realidade, não expressa quem você realmente é.

Essa proteção interna impede que você entre em um estado de autodesvalorização intensa. E, repito, busque a ajuda de um profissional.

O epicentro da baixa autoestima:
"Sou uma pessoa ruim"

É difícil mudar a autoestima em um nível profundo, porque a autoimagem, ou seja, a própria crença de quem somos, está ancorada no subconsciente. Percebo isso com frequência no meu trabalho. Muitos clientes trazem, inconscientemente, crenças (quase) inabaláveis que derrubam raciocínios lógicos e novas experiências com a força de um guerrilheiro. Quando alguém tem a crença fundamental "Sou uma pessoa ruim", ela impregna seu ser. Todas as suas experiências são tingidas pelos contornos dessa convicção, como uma meia vermelha que mancha toda a roupa branca na máquina de lavar.

É importante, portanto, nos fixarmos em nossas principais convicções, ou, figurativamente falando, na meia vermelha. Em geral, trata-se de uma mera frase. Ela é a essência de todas as autodesvalorizações que podem passar pela cabeça de alguém. As crenças internas adotadas na infância são comprimidas em uma frase pelo subconsciente. O subconsciente trabalha com palavras-chave e imagens simples. Trabalha na velocidade da luz, por isso não consegue administrar informações técnicas complicadas – esse papel cabe à razão. A razão trabalha devagar, mas com precisão. É por isso que o subconsciente tem uma influência tão significativa no comportamento e, no fim das contas, o determina, já que é tão mais rápido que a consciência. Ele costuma penetrar na razão de forma despercebida.

Tente concentrar a atenção em seu interior e resgatar essa crença das profundezas de seu subconsciente. A melhor forma de fazer isso é direcionar sua atenção para o torso, a barriga e o peito, sentindo o que você de fato pensa sobre si mesmo em seu interior mais profundo. Deixe a resposta simplesmente surgir, não tente buscá-la. Rápido e eficiente que é, o subconsciente lhe responderá prontamente. A primeira resposta quase sempre é a correta. E não será uma resposta complicada. Em geral, trata-se de uma frase simples como "Sou uma pessoa ruim", "Não tenho valor", "Sou burro", "Sou um lixo". A conclusão de todas essas afirmações é: os outros são melhores. Sua crença fundamental lhe sugere erroneamente que você vale menos que os demais. Que você é *inferior*. Em última instância, tudo se resume a isso. Simples assim – porém muito difícil de mudar.

Essa crença fundamental está errada. Ela é a meia vermelha. Podemos dizer que é um erro na programação de sua alma. Cabe agora à razão entender que se trata de uma programação defeituosa, e não da verdade. Até agora, ela acreditou que essa crença fundamental é verdadeira, simplesmente porque está arraigada. Você tem que entender que se trata de um erro na sua programação que tinge sua visão de si mesmo e do mundo. Você adquiriu tal crença na infância, mas ela está errada. É um erro da criação que você teve. É uma chaga em sua psique que precisa ser retirada.

Por causa dessa programação, você fez ou deixou de fazer coisas que confirmaram tal hipótese. Talvez ela tenha conduzido você, em diversas fases da sua vida, ao fracasso, à derrota. Essa crença pode ter levado a círculos viciosos, pois você acreditou nela e se orientou por ela. É crucial que você reconheça isso. Já é suficiente reconhecer suas suposições como programações defeituosas, pois isso faz com que o erro seja isolado, inativado. Para reconhecer isso, você precisa se perguntar como ele surgiu. Identifique onde você internalizou essa crença, quem lhe ensinou essa crença. Reflita sobre sua história pessoal e sua infância para compreender de onde vem essa programação errada. Isso é importante, porque sua razão – seu adulto interior – precisa de argumentos para se libertar dessa crença. É por isso que seu adulto interior precisa compreender que não foi ele quem desenvolveu tal crença, ele apenas acreditou nela, pois lhe era muito familiar. A sensação é de que ele tem essa convicção tão essencialmente quanto sente seu nariz, e isso leva à ilusão de que a crença, assim como o nariz, tem o direito de existir. Esse é o ponto-chave: pessoas muito inseguras adquirem uma falsa visão de si mesmas nos primeiros anos de vida, em um período do qual não se lembram mais, por isso acreditam que tal visão falsa pertence a elas, como se fosse verdade. Essa crença é mais que um pensamento ou uma perspectiva, é um estilo de vida impregnado na pessoa.

Prefiro me odiar a odiar meus pais

Há quem tenha dificuldade de mudar sua autoimagem, pois isso desgasta muito a relação com os pais, ainda que já tenham morrido. Na seção "Mamãe e papai, preciso tanto de vocês!", escrevi que o apego aos pais pode impedir a mudança do filho. A criança interior tem medo de perder a família se encarar a realidade das condições na qual foi criada, pois isso liberaria seu ódio pelos pais. O ódio que é direcionado para si mesma protege sua relação com os pais. A lealdade dos filhos é um laço protetor do amor que não podem sacrificar caso queiram sobreviver à infância ou ao menos suportá-la. Os pais precisam, portanto, ser idealizados, ainda que parcialmente. Essa lealdade, essa atitude protetora, costuma permanecer na idade adulta.

Uma cliente minha que se odiava em um nível profundo e não conseguia mudar essa situação afirmou espontaneamente, quando perguntei para que servia o ódio dela por si mesma: "Preciso conservar minha família." Ela sentia um ódio autodestrutivo que lhe dava medo. Achava, porém, que esse ódio cabia aos pais. No entanto, se ela direcionasse esse ódio a eles, a relação se destruiria. E quem mais ela tinha no mundo? Como sofria de um medo de compromisso paralisante em virtude da baixa autoestima, ela não havia formado família, com a qual poderia suprir sua necessidade de conexão. No caso dessa cliente, como no de muitas pessoas inseguras, o vínculo com os pais desaguou em um círculo vicioso: o medo de se desligar emocionalmente de quem a trouxe ao mundo a fez se agarrar à sua autoimagem negativa para proteger a relação com os pais.

Quando a autodesvalorização tem raízes muito profundas, a pessoa deve se perguntar em que medida isso protege seus relacionamentos interpessoais. Talvez não somente a ligação com os pais, mas com o parceiro amoroso atual que não lhe faz bem. Provavelmente há fortes razões emocionais, contra todos os argumentos racionais, para agarrar-se à autoimagem negativa. Reflita sobre as vantagens que a autodesvalorização poderia lhe oferecer. Tente identificá-las e achar caminhos construtivos para conservar tal benefício. Foi assim que minha cliente reconheceu que o vínculo parental bloqueava o caminho para a mudança, libertou-se do ódio dos pais pela primeira vez e conseguiu, assim, processar tudo gradualmente. Ela fez isso aceitando o ódio e lidando com ele. Com isso, essa emoção ruim se dispersou com o tempo, pois finalmente foi "ouvida" e se sentiu, digamos assim, compreendida. Enquanto reprimimos os sentimentos, não podemos processá-los. Ao fazer o processamento da raiva, ela conseguiu enxergar a história de vida trágica dos pais e, finalmente, perdoá-los. Dessa forma, transformou o relacionamento com os pais e também consigo mesma.

Sim, mas...

Uma cliente minha resumiu o "Sim, mas…" que está coçando na língua do leitor inseguro desta forma: "Pode ser que minha infância ou, concretamente, meus pais tenham contribuído para o fato de que não tenho uma visão positiva de mim mesma, mas quando olho para a minha vida, inclusive minhas capacidades e minha aparência, posso chegar à conclusão de que eu *realmente não sou boa o suficiente*. Você fala muito bem, Stefanie. Estudou e escreve livros. Mas olhe para mim. Você não pode querer me convencer de que minhas crenças estão erradas! De que me serve isso? Me diga como devo me convencer de que estou bem. Não estou bem, minha criança interior sabe disso, meu adulto interior também, e isso é o que todos que me conhecem veem. Você está me pedindo que eu feche os olhos para a realidade e me convença a ver algo lindo *onde não há beleza*."

Essas foram as palavras de Dora, uma cliente de 30 anos. Eu conseguia compreendê-la com base em sua situação: ela havia interrompido os estudos e não havia se formado na escola. Seu casamento acabou e seus dois filhos foram levados para uma família adotiva pelo conselho tutelar.

Não falarei em detalhes da infância de Dora. Basta dizer que foi miserável. Quando criança, ela ainda se esforçava para agradar aos pais em tudo, mas na adolescência se rebelou, perdeu o interesse pelos estudos, não tinha paciência para nada e, por não querer seguir uma carreira, fugiu da casa dos pais com o primeiro homem aceitável que apareceu, com a vaga esperança de que ele a salvaria. Tornou-se mãe cedo e se sentiu completamente sobrecarregada pelas responsabilidades. O casamento não durou muito. O marido sumiu deixando as crianças com ela e nunca mais fez contato. Aos 30 anos, Dora acreditava ter estragado sua vida. Vivia de auxílio social e podia visitar os filhos somente uma vez por mês. Em sua opinião, havia fracassado como pessoa, mulher e mãe.

A história de Dora é um bom exemplo de como a baixa autoestima adquirida na infância pode levar a decisões erradas e se consolidar cada vez mais. A baixa autoestima pode provocar uma reação em cadeia e, consequentemente, resignação.

A linha tênue entre autorresponsabilidade e vitimização

Como Dora poderia romper esse círculo vicioso? Como poderia dar uma virada em sua vida? O importante para a transformação é refletir e analisar sua trajetória até agora.

Em resumo, podemos analisar nossa história sob duas perspectivas: olhar para nós mesmos como vítimas das circunstâncias ou nos responsabilizar por nossos atos. A autorresponsabilização soa boa a princípio e é correta, mas tende a levar à autoincriminação, o que não seria construtivo.

Se Dora se percebesse como vítima das circunstâncias, jogaria a culpa de tudo nos outros, poupando a si mesma. Sua visão seria a seguinte:

Meus pais fracassaram por completo. Os professores da escola eram uns incompetentes e meu marido era um babaca. Para completar, a funcionária do conselho tutelar ficou contra mim desde o início e retirou as crianças da minha guarda sem motivo algum.

Se salientasse apenas seus erros, Dora diria:

Fiz tudo errado. Meus pais não me aturavam. Fui uma aluna burra e preguiçosa e nem meu marido conseguiu ficar comigo. Como mãe é que sou mesmo um desastre.

Ambas as perspectivas são exageradas e equivocadas. Se apenas nos vemos como vítimas, não temos poder de mudar a situação, pois, segundo a nossa percepção, não fizemos nada de errado. Se a pessoa não assumir para si mesma em que medida fugiu das responsabilidades até então, não fará mudança alguma. Essa vitimização é uma postura comum em pessoas como Dora, que já sofreram muitos reveses na vida. Sua autoestima costuma ser tão frágil que a ideia de assumir a própria responsabilidade as sobrecarrega. Elas se protegem de um total colapso de sua autoestima transferindo a responsabilidade aos outros. Caso contrário, correriam o risco de uma pane psíquica – risco que sentem no nível subconsciente. Não suportariam tanta culpa e tanto fracasso.

Vejo frequentemente, por outro lado, um excesso de autoincriminação em pessoas que lidam de forma crítica consigo mesmas e com a vida. Costumam ser inteligentes e se esforçam para refletir sobre como se sentem e o que ainda querem realizar. Algumas delas, porém, se julgam de forma implacável. A autodesvalorização excessiva as paralisa: seus pontos fracos parecem enormes e numerosos demais para que possam ser superados. E elas ficam presas à autodesvalorização.

Ambas as posturas – tanto a vitimização irrealista quanto a autoculpabilização excessiva – levam à autossabotagem. E há também pessoas que se percebem como vítimas e, ao mesmo tempo, acusam a si mesmas. O crucial é fazer uma avaliação o mais realista possível tanto da própria responsabilidade quanto das circunstâncias externas, pois somente assim se pode ter o ponto de partida para a mudança.

Dora tinha diante de si a difícil tarefa de:

1. Fazer uma avaliação realista de sua parcela de responsabilidade nos acontecimentos.
2. Reconhecer a parcela de responsabilidade exclusiva a seus cuidadores na infância.
3. Desenvolver compreensão de si mesma ou, conforme o caso, de sua criança interior.
4. Mudar sua autoimagem.
5. Tomar decisões diferentes.

À primeira vista, esse caminho parece difícil e longo. Para muitos, é uma estrada tão comprida que preferem nem dar o primeiro passo. Vão "levando a vida do jeito que dá". Nesse caso, podemos fazer como a personagem do romance *Momo*, de Michael Ende. O varredor tinha o trabalho de varrer uma rua infinitamente longa. Momo lhe perguntou de onde ele tirava forças para essa tarefa, e o varredor respondeu: "Muito simples, eu simplesmente dou um passo após o outro."

Dora queria começar sua caminhada. No decorrer de nossas conversas, tornou-se cada vez mais claro para ela que havia internalizado crenças falsas dos pais durante a infância, as quais geraram uma autoimagem deturpada. Ela identificou sua crença fundamental (até então inconsciente), *Não sirvo para nada*, e reconheceu como isso a enfraquecera diante de decisões importantes. Tomou consciência de que havia largado a escola por medo de fracassar. Refletiu sobre seu anseio profundo por uma figura paterna que a conduzisse pela vida e reconheceu que essa foi a razão para ter buscado um homem muito dominante, que acabou por oprimi-la. Também se deu conta de quanto *permitiu* que ele a oprimisse. Quanto aos filhos, precisou reconhecer, em um processo doloroso, que havia transferido a eles sua falta de amor-próprio. Da mesma forma como havia negligenciado a si mesma naquela época, ela se tornara indiferente às crianças. Inconscientemente, havia tratado os filhos da mesma forma que a mãe a havia tratado.

Todas essas percepções custaram muitas dores e lágrimas a Dora, mas criaram espaço para novas descobertas. Com o passar do tempo, ela conseguiu desenvolver compreensão sobre si mesma. Pôde reconhecer a criança insegura e humilhada dentro de si, que havia tomado uma série de decisões ruins por estar sobrecarregada. Descobriu ainda suas partes saudáveis e fortes e aprendeu a valorizá-las, como a resiliência, a capacidade de autorreflexão, o desejo de intimidade e proteção, a inteligência.

Quanto mais se aproximou de si mesma, mais fácil se tornou aceitar os filhos. O reconhecimento de que o medo do fracasso havia feito com que ela nem tentasse fazer algo levou-a à decisão de agir. Ela concluiu o ensino médio e fez um curso para atuar como cuidadora de idosos. Entrou em contato com o conselho tutelar e teve conversas sinceras com a funcionária que cuidava de seu caso. Graças às suas novas atitudes, obteve permissão de ter mais contato com os filhos. Dora se desculpou com eles por sua negligência e injustiça. As crianças desenvolveram uma nova confiança na mãe, e Dora, que nesse meio-tempo havia desenvolvido uma relação pacífica com sua criança interior, conseguiu se relacionar de forma mais saudável com os filhos. Também começou a respeitar os vínculos que as crianças haviam desenvolvido com a família adotiva durante esse período. Isso foi possível porque ela havia perdoado a si mesma, e a partir dessa atitude parou de ver os pais adotivos como concorrentes, passou a reconhecê-los como cuidadores amorosos de seus filhos.

Alguns anos após nossa primeira conversa, Dora havia mudado drasticamente sua visão de si mesma e de sua vida. Ela se orgulhava do que havia conquistado.

Sou bom!

É possível reprogramar a mente para apostar mais em suas qualidades e enxergar menos seus defeitos. Isso pode ser feito de duas maneiras:

Primeiro caminho: Como mencionei no início do livro, muitas pessoas com baixa autoestima são muito competentes e confiantes em algumas áreas da vida – como Camila, que acredita ser uma mulher sem graça mas se sente segura em sua profissão. Se você é uma dessas pessoas que duvidam de si mas também reconhecem estados internos e campos nos quais estão satisfeitas, recomendo que se conecte com esse sentimento e encontre em seu interior uma frase que resuma esse estado.

Concentre sua atenção em uma situação na qual você se sentiu bem e seguro e deixe seu inconsciente encontrar, na área do abdômen ou do peito, uma frase que expresse essa sensação. Para isso, o exercício "Momento de maestria", da seção "Use a imaginação", pode ser útil. O importante é que você não somente pense nessa frase, como *Sou bom!*, mas também a sinta fisicamente. Tome consciência de como seu corpo e sua respiração acolhem essa frase, esse estado positivo.

Quando se encontrar de novo no "sentimento de ser ruim", tente conscientemente transformá-lo em "sentimento de ser bom" por meio da força de vontade e da decisão consciente de fazê-lo. Vimos como surgem a confiança básica e o apego. Você pode aprender a sair do sistema de punições para o de recompensas de forma consciente.

Segundo caminho: Caso você seja o tipo de pessoa que tem muita dificuldade de descobrir algo bom em si mesmo, use um lema de vida ou uma afirmação que se oponha à sua programação negativa. (As pessoas que fizerem o primeiro caminho podem fazer o segundo para complementar – dois é melhor que um!) O lema de vida será uma muleta mental que lhe dará suporte para encarar o medo. O medo também pode ser superado se houver uma orientação para um caminho diferente. Sabedorias, mantras ou lemas de vida são frases curtas que trazem um sentido profundo. Essas frases podem ser internalizadas para que nos deixemos conduzir e orientar por elas no lugar de nossas crenças autodepreciativas.

Lemas de vida podem ser encontrados em abundância na internet ou em livros. Provavelmente sua avó ou algum outro parente tem alguns dos quais você pode se apropriar. Ou você pode criá-los.

Alguns exemplos:

- "Quem luta pode perder, mas quem não luta já perdeu." (Bertolt Brecht)
- "Na vida, não se trata de ter boas cartas na mão, mas de saber jogar com cartas ruins." (Autor desconhecido)
- "Não importa de onde viemos, mas para onde vamos." (Autor desconhecido)
- "O que importa não é ser isso ou aquilo, mas ser você mesmo." (Søren Kierkegaard)
- "O melhor caminho para fazer os outros se interessarem por nós é nos interessarmos por eles." (Emil Oesch)

As chamadas afirmações também podem ter efeito curativo. Influenciam nossos pensamentos, sentimentos e comportamentos por meio da repetição constante. São um comando objetivo para o subconsciente. Sem que nos demos conta, trabalhamos o tempo todo com afirmações negativas, como *Sou uma pessoa ruim*. Use a força da afirmação positiva.

Conheço muitas pessoas que transformaram sua autoestima com afirmações. Elas ajudam quando não são construções muito rasas e quando certas regras são seguidas:

1. Identifique uma questão que você queira trabalhar, algo que o torne mais autoconfiante, e crie uma frase nesse sentido. Mas lembre-se de que "Sou autoconfiante" seria muito superficial. Essa formulação aumentaria suas dúvidas sobre si mesmo e imediatamente suscitaria uma oposição, como "Até parece", "Quanta bobagem", "Quem você quer convencer?".
2. Escolha uma formulação concreta e aceitável, como "Todos os dias, eu, Joana, tenho o direito de me afirmar". Ou "Eu, Henrique, me respeito." O importante é que as frases sejam sempre afirmativas, formuladas no presente e que contenham o pronome *eu*. Negações como "Ninguém pode me tratar com desrespeito" não funcionam, porque o subconsciente não compreende a negação. Se peço a você que não pense em uma nuvem azul, o que acontece? Na mesma hora você pensa em uma nuvem azul.
3. Sinta internamente se a frase escolhida combina com você. Escolha apenas frases que façam você se sentir bem. Se provocarem muita objeção internamente, não funcionarão.
4. Escreva a afirmação pelo menos 15 vezes. Se for possível, anote-a com sua cor favorita em uma folha de papel e pendure-a em um lugar de boa visibilidade em sua casa. Declare, pense ou sussurre a afirmação o máximo de vezes possível. O importante é que você tenha um envolvimento emocional com ela. Tente sentir internamente o estado que deseja induzir em si.
5. Também é muito eficaz imaginar várias vezes alguém dizendo essa frase a seu respeito. Por exemplo, imagine uma amiga falando sua frase afirmativa em uma conversa com outra pessoa: "Sim, todos os dias a Joana tem o direito de se afirmar". É importante que seu nome seja dito.

Também é útil aplicar a afirmação contra suas crenças negativas. Quando estiver convencido de que "Não valho nada", uma afirmação positiva atinge, nesse momento, o centro de sua insegurança. Uma afirmação inversa como "Tenho valor" provavelmente levantaria muita resistência interna, então é preciso encontrar um meio-termo, como "Tenho muito valor para meus filhos" ou "A cada dia reconheço ainda mais meu valor".

A mágica da autorregulação

Em essência, o processo de mudança consiste em: *reconhecer a própria programação interna e criar uma distância dela*. Compreender a própria programação permite que a pessoa a transforme instalando novos processos de tomada de decisão. Se a programação não é reconhecida de modo consciente, permanece sendo executada de modo automático e nada muda.

Muitas pessoas acreditam ter plena consciência de sua programação interna e mesmo assim não conseguem fazer mudanças. A verdade é que estão enganadas em sua análise e não têm de fato consciência.

De forma geral, pessoas inseguras precisam entender e sentir que *não são* feias, burras ou ridículas. É sua baixa autoestima que as faz *acreditar* nisso; essa é sua programação. Elas precisam criar, portanto, certa distância entre a autoestima e a razão. Isso significa criar uma separação consciente entre sua parcela infantil e irracional e sua parcela adulta e racional. Em termos técnicos: precisamos ter o esquema da nossa mente diante de nós para acionarmos as alavancas corretas e assim alterar as conexões.

Vou exemplificar tais conexões à luz da estrutura da personalidade narcisista. Quando reconhece sua programação, o narcisista passa a saber, entre outras coisas, que tem pouca tolerância às fraquezas de seu parceiro ou parceira (e de outras pessoas). Fraquezas o enfurecem. Quando adquire essa consciência, o narcisista pode criar, com a ajuda da razão, uma distância de sua programação automática.

Funciona mais ou menos assim: o parceiro se comporta de uma forma que o narcisista enxerga como fraqueza; o narcisista se irrita; nesse momento, ele pode se regular dizendo a si mesmo: "Você está enxergando a suposta fraqueza de sua esposa como gigantesca, pois essa é sua programação narcisista. Pense nos pontos fortes que ela tem e não se esqueça de que você também tem muitas fraquezas que podem irritar sua esposa." Fazendo essa correção de percepção, ele amplia sua visão em vez de focar exclusivamente nos pontos fracos da esposa, o que seria sua programação natural. Pouco a pouco, isso provavelmente mudará a visão que tem da esposa. A fraqueza percebida perde importância em face das qualidades dela. Além disso, ele relativiza os pontos fracos da esposa em comparação com os seus próprios, o que evita que entre na espiral emocional de ressentimento e raiva. Pelo contrário, ele tende a se acalmar. O narcisista então consegue se abster de criticar a esposa. Por fim, toma consciência de que as fraquezas superdimensionadas ao seu olhar são, muito provavelmente, pequenas.

Com esse pequeno ato de correção da percepção e de autocontrole, o ressentimento que começava a brotar é quebrado e o casal se livra de uma baita discussão. Resumidamente, a consciência de que tem uma estrutura narcisista o leva a não confiar na própria percepção e a corrigi-la. Para os narcisistas, bem como para qualquer pessoa, vale a máxima: *Não preciso acreditar sempre no que penso*.

Se o narcisista não tivesse consciência de seu padrão, acreditaria em sua percepção. Inconscientemente, veria as fraquezas da esposa por uma lente de aumento e ignoraria por completo as qualidades dela e os próprios erros. Essa percepção o deixaria muito irritado e ele criticaria os supostos pontos fracos da esposa como se fossem erros. E pensaria que tinha razão.

É crucial, portanto, identificar quando você pode confiar em sua percepção e quando não pode.

Descubra como você é

Muitas pessoas inseguras têm dificuldade de definir quem são e quais são seus traços de personalidade. Esse problema remete às experiências da infância. Quando crianças, precisaram (pelo menos em parte) se "distorcer" para se adequar aos pais. Isso acontece quando as expectativas dos pais ignoram a personalidade e as habilidades dos filhos.

Se, por exemplo, esperam que a criança seja boazinha e não demonstre raiva, ela aprende a reprimir sua agressividade natural. E, ao crescer, continuará tendo dificuldade de lidar com essa reação. Possivelmente a agressividade só virá à tona quando essa pessoa consumir álcool e perder o controle. Depois que passa o efeito do álcool, ela sente muita vergonha de seus atos e falas e jura não repetir o comportamento – até que acontece novamente. Essa pessoa não integrou suas experiências de infância e agressividade em sua autoimagem. Como não podia sentir raiva quando criança, aprendeu a afastá-la, em vez de lidar com ela.

Se os pais, direta ou indiretamente, têm expectativas em relação ao filho que correspondem apenas em parte às necessidades naturais dele, sua personalidade e suas habilidades, o filho aprende a negar a si mesmo com o intuito de receber atenção dos pais e agradá-los. Aprende a viver contra suas necessidades reais, contra seu jeito de ser. O desenvolvimento de sua personalidade é inibido, e, quando adulto, a pessoa não sabe exatamente quais são suas necessidades, suas características, seus valores, seus pontos fortes e suas fraquezas reais.

Esse processo pode ser atribuído a diversos comportamentos dos pais, como pouca empatia pela criança. A sensibilidade deficiente de ambos ou de um deles pode fazer com que a criança aprenda a lidar de forma inadequada com sua agressividade e também com sentimentos de tristeza, medo, alegria, etc. A criança só se aceita quando é aceita pelos pais. Quando acontece o contrário, ela não consegue se enxergar do jeito que é. Aprende que o que sente, pensa e deseja é errado. Aprende que seus sentimentos e seus desejos não são justificados. Aprende que não é bom ser do jeito que é. A empatia é o critério crucial que caracteriza uma criação saudável. É muito importante para as crianças que sejam compreendidas com seus sentimentos, desejos, preocupações e medos. Compreender não significa apoiar os filhos em tudo. A criança também deve aprender a se adequar em determinadas situações. Mas, antes, precisa aprender a se entender. Nesse sentido, é essencial que os pais lhe espelhem seus sentimentos – por exemplo, indicam à criança que ela está triste porque brigou com o amiguinho. Nesse caso, os pais podem ajudar o filho a reconhecer sua parcela de responsabilidade na briga e a pensar em uma solução para fazer as pazes. Com isso, a criança aprende várias coisas:

1. O que estou sentindo se chama "tristeza".
2. Tudo bem ficar triste.
3. Compreendo por que estou triste.
4. Compreendo como contribuí para a situação.
5. Sou capaz de resolver o problema.

Quando é dado às crianças espaço para suas experiências e sensações, elas adquirem um sentimento de identidade estável. Aprendem a lidar com suas emoções e necessidades. Quando isso não acontece, em virtude de pais menos compreensivos, a criança desenvolve um contato mais frágil com seus processos emocionais internos. E, ao crescer, não identifica com segurança o que está sentindo, não sente que tem o direito de se sentir assim e não sabe o que deve fazer.

A baixa empatia dos pais costuma ser acompanhada por *frases típicas* que são internalizadas pelas crianças como crenças até a vida adulta. Alguns exemplos: "Você não pode ser como seu irmão?", "Assim você não vai chegar a lugar nenhum", "Você está fazendo papel de bobo", "Você é burro, uma vergonha", "O que as pessoas vão pensar de você?", "Não pense que você é tudo isso", "O orgulho vem antes da queda".

É comum que pessoas inseguras carreguem em si várias frases desse tipo, que ficam ecoando dentro delas como um disco arranhado. As palavras dos pais tornaram-se *sua* convicção.

Valores falsos dos pais também podem levar os filhos a desenvolver uma identidade frágil. Por exemplo, quando valores religiosos são vividos de forma muito rígida ou quando dinheiro e sucesso desempenham um papel desmedido no sistema de avaliação dos pais. Valores rígidos, unilaterais e moralmente duvidosos também podem impedir o desenvolvimento saudável da personalidade.

Caso você tenha dificuldade de desenvolver uma autoimagem objetiva, recomendo-lhe analisar sua criação e suas experiências de infância. Inclua em sua análise influências formativas com outras pessoas que foram importantes na sua vida, como professores ou até mesmo outras crianças.

Faça um inventário pessoal

Convido você, antes de mais nada, a fazer um inventário de quem é para que tenha ao menos uma base para delinear uma imagem clara de si mesmo, suas habilidades, seus pontos fortes e fracos. Considere os seguintes elementos:

Sentimentos
Quais você tem em seu repertório? Raiva, alegria, orgulho, tristeza, piedade, amor, medo, decepção... Você se permite tais sentimentos? Como lida com eles?

Personalidade
Como são inúmeras características possíveis, mencionarei apenas algumas para inspirar você em sua resposta: honesto(a), prestativo(a), impaciente, reservado(a), sociável, sincero(a), ansioso(a), inteligente, gentil, preguiçoso(a), ambicioso(a), bem-humorado(a), rebelde, agressivo(a), decidido(a)...

Valores
Quais são importantes para você? Alguns exemplos: amor ao próximo, amor-próprio, justiça, educação, honestidade, amizade, carinho, responsabilidade, coragem, tolerância, autenticidade, autonomia, sabedoria, lealdade, fidelidade...

Interesses e hobbies
O que desperta sua atenção? O que você gosta de fazer?

Pontos fracos e pontos fortes
Tente avaliar suas fraquezas e seus pontos fortes da forma mais realista

possível, tanto no que diz respeito aos traços de personalidade quanto às habilidades.

Crenças

Liste as crenças negativas que você carrega dentro de si. Procure lembrar quais frases você costumava ouvir em casa. Anote também suas crenças positivas, para contrapor às negativas.

Releia suas anotações e se pergunte: *O que recebi de meus pais?* No caso dos sentimentos, tente lembrar quais eram desejados em sua casa e quais não eram, e como seus pais lidavam com eles. Reflita com cuidado sobre o que *você* julga correto e adequado. Sei que muitos terão dificuldade de responder a tais perguntas, mas a mera tentativa pode ajudar você a compreender melhor sua vida emocional.

No caso dos traços de personalidade, pergunte-se que influência sua família pode ter tido nesse sentido. Certas características eram incentivadas e elogiadas? Ou certas características (boas ou ruins) eram criticadas? Você copiou ou herdou características de seus pais?

Compare seus valores com os de sua família. O que era importante para seus pais? A que eles davam valor?

Observe as influências que seus pais tiveram em seus interesses e hobbies.

Depois analise seus pontos fortes e fracos na criação que você recebeu. Quais fraquezas você possivelmente herdou de casa ou de outras crianças ou professores? De onde vêm seus pontos fortes?

Por fim, identifique as crenças que seus pais (ou outros cuidadores) lhe passaram.

O objetivo de todas essas reflexões é fazer uma renovação interna. É como se você tivesse herdado uma casa e agora caminhasse pela propriedade identificando o que deve permanecer e o que deve ser descartado, consertado ou substituído. Trata-se de um inventário de si mesmo e, conforme o caso, de uma limpeza de atitudes, emoções e valores que você vivencia não como pertencentes a você, mas como herdados de seus pais. Tenha em mente que nem tudo que você herdou é ruim. É importante entender apenas se a influência de sua família em sua autoimagem também agrada *você*, se você concorda com ela. Caso concorde, ela deve permanecer; caso não concorde, você deve se despedir dela e colocar algo diferente em seu lugar.

Sei que não é um exercício fácil, mas pode ser de grande auxílio, pelo menos para refletir sobre tudo que você carrega desde a infância. Tente fazer esse exercício sem exigências de perfeição ou ruminações.

Sua autoimagem como homem ou mulher

Falarei agora sobre as autoimagens específicas de gênero, pois elas se diferenciam, em parte, da autoimagem geral que temos como pessoa. É por isso que gosto de perguntar aos meus clientes como se descreveriam como pessoa e, em seguida, pergunto como se descreveriam como homem ou como mulher. Essas duas autoimagens podem ser bem divergentes.

Para os homens: Um cliente de 38 anos se descreveu como pessoa da seguinte forma: "Sou honesto e um amigo leal. Me preocupo muito com as pessoas e costumo considerar questões filosóficas em certas situações. Não tenho medo de compromisso. Sou inteligente e trabalhador. Tenho tendência a ficar ruminando os acontecimentos e a me sentir desanimado às vezes, mas, no geral, acho que sou uma pessoa boa."

Quando perguntei a esse mesmo cliente sobre sua autoimagem masculina, ele disse: "Aparência mediana, fracote, dependente."

Ele buscou a terapia devido a sua falta de sorte com as mulheres e nos relacionamentos românticos. A causa era sua autoimagem masculina. Ele cultivava suas características femininas, mas não as masculinas, o que o tornava desinteressante para muitas mulheres. Na companhia de suas pretendentes, se comportava de forma submissa. Mesmo quando tinha uma opinião diferente, não contradizia a mulher por medo de conflito e de rejeição. Também não confiava em si para simplesmente abordar uma garota e convidá-la para sair. Não conseguia integrar em sua autoimagem que poderia ser tanto evoluído e compreensivo quanto capaz de conquistar uma mulher.

Trabalhei com ele sua autoconfiança masculina e sua assertividade, e também fiz com que se permitisse ser uma pessoa sexual. O pano de fundo de seu problema era a relação complicada com o pai, que foi um terrível déspota em casa: batia nos filhos e na esposa. Meu cliente cresceu com a intenção de não se transformar no pai de jeito nenhum. Infelizmente, com isso ele acabou negando a si mesmo (inconscientemente) qualquer tipo de masculinidade. Isso também acontece com homens cuja mãe colocava os filhos contra o pai, desabafando e chorando com os filhos por causa do "pai malvado". Com essa atitude eles aprendem que homens não são bons e que fazem mal às mulheres, o que pode ter consequências significativas em sua autoimagem masculina. Quase castram a si mesmos para não se tornar também "homens malvados".

O contrário também ocorre com frequência, isto é, homens com uma autoimagem masculina exagerada. São muito seguros de si, confiantes de serem atraentes e sedutores, muito masculinos em seus atributos gerais e na aparência. A dificuldade desse perfil é ter uma percepção precisa de seus sentimentos e, acima de tudo, conseguir falar sobre eles. Não conseguem admitir para si mesmos sua necessidade de afeto e intimidade. Enquanto o primeiro tipo não tem coragem de ser forte, o segundo não consegue ser suave. Esses homens procuram terapia para elaborar o medo de compromisso: não se envolvem em um relacionamento amoroso de forma duradoura, pois têm muito medo (inconsciente) de perder a autotomia. Nesses casos, trabalho com eles para que consigam expressar seu lado e seus sentimentos suaves.

Se você for homem, pense em sua autoimagem masculina e reflita sobre qual lado você reprime, o masculino ou o feminino.

Tente desenvolver uma autoimagem o mais completa possível. Você pode ser tanto assertivo, sexualmente autoconfiante, determinado e corajoso, como também compreensivo, empático, carinhoso e carente. Tudo isso é compatível.

Para as mulheres: Pergunte-se como você se enxerga como mulher. Algumas mulheres reprimem muito o lado feminino, enquanto outras o exacerbam. As que reprimem costumam ser bastante discretas. Não se sentem atraentes e basicamente excluem o assunto aparência e feminilidade de sua consciência. Outras se definem excessivamente por sua aparência e por sua capacidade de agradar os homens. A aparência tem um papel mais forte na autoimagem das mulheres, enquanto os homens se definem mais por suas habilidades.

Em meu círculo de amizade, costumávamos perguntar uns aos outros quando nos sentíamos sexy. As mulheres mencionavam atributos exteriores, como "quando estou bronzeada", "quando me sinto bem com meu corpo", "quando visto roupas sensuais", etc. Os homens afirmavam que se sentiam sexy quando faziam um gol de cabeça, quando ganhavam muito dinheiro, quando dirigiam um carro legal, quando assinavam um contrato importante, etc.

O fato de que mulheres se definem pela aparência está ligado às exigências masculinas. Estudos mostram que o critério central do homem na escolha da parceira é a aparência.

Caso você pertença ao grupo de mulheres heterossexuais que apostam quase exclusivamente na carta da "atratividade", é importante dissociar sua autoconfiança do reconhecimento masculino. Seu valor está em quem você é, e não na sua aparência. Além disso, a valorização exagerada da aparência leva frequentemente à competição com outras mulheres. O reconhecimento dos homens não pode ser a medida da nossa autoestima. Não precisamos disso. Busque outras atividades e outros valores que alimentem sua autoconfiança. Este livro poderá ajudar você nesse sentido.

Além da aparência, a flexibilidade ou a assertividade desempenham um papel importante na autoimagem feminina. A questão aqui, como no caso dos homens, diz respeito aos temas submissão versus autoafirmação. Algumas mulheres se adequam demasiadamente às expectativas do parceiro e se perdem nesse processo. Outras, pelo contrário, não cedem em nada, pois vivem sob o medo (consciente ou não) de serem dominadas por ele. Enquanto as primeiras não defendem seus interesses e suas necessidades, as últimas brigam por besteiras. Tente achar um caminho do meio saudável.

"Não sou bonito(a)"

Tanto homens como mulheres lutam contra as inseguranças relacionadas a sua aparência. As mulheres são mais afetadas por isso, tendo em vista que sempre houve a tendência, em nossa sociedade, de precisarem ser bonitas. A ansiedade de desempenho que recai sobre as mulheres é enorme, em especial no que diz respeito ao envelhecimento e também em relação ao corpo.

Nos últimos tempos, isso também tem afetado os homens. A época em que um homem só precisava ser "interessante", enquanto a mulher precisava ser bonita, já ficou para trás. Atualmente, os homens também precisam lidar com padrões de beleza impossíveis. Invalidar esse ideal de beleza segundo o lema "Se aceite como é" me parece irreal (exceto para aqueles que estão satisfeitos com sua atratividade). O caminho da aceitação radical, quando se está insatisfeito e cheio de complexos, é muito longo e difícil. Eu prego um caminho do meio: *Procure explorar ao máximo seus pontos fortes!*

A ligação entre beleza e autoestima é complicada, pois as correlações são difíceis de determinar. Nunca esquecerei quando, anos atrás, uma jovem de beleza desconcertante chegou ao meu consultório e chorou por uma hora, por se achar muito feia. Na época, eu era uma psicoterapeuta jovem e com pouca experiência e não soube lidar com essa autopercepção nitidamente deturpada. Muitas pessoas consideradas menos bonitas se sentem bem na própria pele. Não são tanto os fatos objetivos que nos causam preocupação, mas nossa própria avaliação. É por isso que há pessoas que vivem bem com seus "defeitos", enquanto outras se desesperam por causa deles. Igualmente, há muitas pessoas que conseguem desacoplar sua autoestima das características exteriores. Focam a atenção menos no que não têm e mais no que têm. Avaliam a si mesmas por suas qualidades, e não por seus pontos fracos. Isso mostra que não são tanto as circunstâncias que nos colocam para baixo, mas em maior medida nossa atitude em relação a elas.

A conexão entre aparência e autoestima, por consequência, é meramente moderada. Há pessoas consideradas bonitas por todos à sua volta mas que mesmo assim têm baixa autoestima e nem ao menos se enxergam como belas, enquanto há outras que não são consideradas bonitas mas nem ligam para isso. Há ainda aquelas que projetam seus problemas de autoestima na beleza. Seu pensamento é monopolizado por questões relativas a sua aparência, à qual reduzem todos os seus complexos.

De fato, a aparência é uma boa superfície de projeção – suas supostas fraquezas podem ser facilmente associadas a questões físicas. Uma mulher que não cansa de se irritar com seu corpo – mesmo sendo aceitável ou até bonito – sofre de uma insuficiência de autoestima com raízes muito mais profundas que a questão do corpo. Ela interpreta tudo no corpo como símbolo visível de sua "inadequação". Consequentemente, seu humor oscila com a balança. Afinal, a balança é precisa, calorias são contabilizáveis. Já sentimentos de insuficiência e desmerecimento enterrados embaixo de suas preocupações com o corpo são difusos. Essa maneira de lidar com a insegurança pode levar a transtornos alimentares. Inconscientemente, a pessoa tenta melhorar sua autoestima e se sentir melhor contando calorias para emagrecer, evitando alimentos, praticando exercícios físicos em excesso, etc. Assim o problema se torna aparentemente mais administrável. Na verdade, seria mais efetivo lidar com as raízes de sua insegurança.

Entretanto, acredito que não podemos desconsiderar por completo a sensação de atratividade quando desejamos trabalhar a autoestima. Praticamente qualquer um se sente melhor quando se sente atraente. Acho que todos conhecemos o prazer de quando passamos o dia nos considerando bonitos ou quando vestimos uma roupa nova – ficamos um pouco mais autoconfiantes. Isso é muito frequente com pessoas inseguras. Nesse caso, há dois efeitos comuns. A pessoa acha que não merece cuidar da aparência e por isso a negligencia; passa a não querer mais se ver no espelho e reprime o tema atratividade. Outras, porém, escolhem a estratégia oposta e fazem esforços exagerados em prol da aparência, apostando todas as fichas na carta da beleza.

Recomendo que você se esforce para tirar o maior proveito possível de seu corpo e sua aparência e fique satisfeito com quem você é. É essencial aceitar tanto seus pontos fortes quanto seus limites. Comparar-se com Jennifer Lawrence ou com Brad Pitt simplesmente não funciona para os meros mortais.

Como tiro o maior proveito do meu tipo físico?

Em primeiro lugar, tome a decisão de tentar mais uma vez explorar sua beleza, caso você pertença ao grupo de pessoas que já se resignaram com sua aparência e não se consideram atraentes. Todo tipo de beleza pode ser realçado, e existem muitos tipos. Você verá o efeito positivo que isso terá em sua autoestima se simplesmente direcionar sua atenção para o que tem de belo em si.

Se você gosta de se maquiar, aconselhe-se com uma amiga experiente no assunto ou peça ajuda em uma loja de cosméticos ou a uma maquiadora. Muitas lojas oferecem consultoria gratuita. Com uma maquiagem adequada, pode-se realçar muito a beleza natural, caso isso seja do seu agrado. Não tenha medo de chamar atenção ou até mesmo de parecer "ridícula". Tais preocupações são desnecessárias e apenas prejudicam você. Uma maquiagem bem-feita é apenas uma forma de realçar a beleza natural, nada mais.

Abra-se para sugestões de profissionais da beleza, como cabeleireiros, e não tenha medo de experimentar novos visuais. Procure se cuidar, escolher roupas com cuidado, por exemplo, ou dedicar algum tempo às mãos, pois isso contribui muito para uma boa impressão.

Se tiver dificuldade para se vestir, você pode pedir conselhos a um amigo ou uma amiga que entenda de moda ou que tenha um estilo interessante. Outra opção é fazer consultoria com um profissional. Se você tiver recursos para isso e estiver disposto, pode recorrer a uma consultora de moda e beleza.

Existem guias de moda para corpos de todos os tipos (você também pode encontrar boas dicas de livros na internet buscando os termos *moda* e *estilo*).

Caso se incomode com seu peso, evite dietas, que podem não fazer bem à saúde, e invista em mudar os hábitos alimentares. Estabeleça metas realistas para mudar a alimentação em longo prazo.

Faça atividade física. Um corpo ativo oferece a homens e mulheres uma maior sensação de bem-estar geral.

Se não tiver motivação para mudar a alimentação e fazer exercícios, pense que nada impede que você se vista com elegância. Hoje em dia a maioria das lojas tem roupas de todos os tamanhos, contemplando corpos de diversos tipos. Mesmo que você não esteja satisfeito com seu corpo, pode se sentir bonito com a ajuda de roupas e acessórios.

Nossa estrutura social oferece muito menos possibilidades de roupas e cortes de cabelo para os homens, mas isso não quer dizer que haja menos possibilidades de mudança do que para mulheres.

Cuidar da aparência é igualmente importante para os homens.

Quero ser 100% aceito

Uma cliente minha disse uma vez, de maneira autocrítica: "Gostaria de ter mais amigos, mas o problema é que sempre quero ser 100% aceita." Isso é, de fato, um problema de muitas pessoas inseguras. Precisam de segurança absoluta e completa nas amizades e em outras áreas da vida. Uma pequena crítica, uma leve falta de atenção em uma conversa, o esquecimento de um aniversário ou retorno de uma ligação, uma opinião contrária, uma observação em falso podem ser suficientes para se sentirem ofendidas ou até mesmo rejeitadas. Isso pode tornar a amizade com pessoas inseguras difícil ou até insustentável. Algumas pessoas se sentem ofendidas com tanta facilidade que o amigo aparentemente nunca consegue acertar, está sempre em dívida. Mais cedo ou mais tarde ele cometerá uma gafe sem perceber, ou dirá algo não tão problemático mas que a pessoa insegura enxergará com maus olhos. Assim, ela se sentirá magoada e ficará – novamente – decepcionada com o fato de que não consegue construir amizades verdadeiras.

Lembre-se de que seus amigos são tão imperfeitos quanto você. E não existe comunicação perfeita. Sempre pode ocorrer uma ofensa não intencional, um mal-entendido, uma pequena falta de atenção por parte de seu amigo ou interlocutor. Quando você espera de seus amigos 100% de atenção em decorrência de suas necessidades, quer dizer que está se levando a sério demais.

Um dos principais problemas das pessoas inseguras é que se desvalorizam muito e, por outro lado, se supervalorizam. Esse é o paradoxo da insegurança.

Pessoas inseguras têm dificuldade de confiar no outro, pois não confiam em si mesmas. Isso acontece porque estão sempre preocupadas com a possibilidade de se decepcionar ou de serem magoadas, e que essa decepção doa de forma insuportável. Em relacionamentos amorosos, essa situação pode chegar ao extremo: nem começam um relacionamento por medo de serem abandonadas (medo de compromisso). Caso tivessem mais autoestima, no sentido de "Saberei lidar com isso", "Não darei tanta importância a tal fato", "Sobreviverei a isso", poderiam relaxar mais na presença dos outros e deixar passar a "infração" com mais generosidade.

Caso você seja uma pessoa que se ofende muito facilmente, tente tomar consciência desse comportamento, na medida do possível, para que saiba reconhecer em tempo hábil pequenos mal-entendidos e aparentes ofensas como o que realmente são. Tente não presumir imediatamente que as palavras ou os atos de alguém têm má intenção. Reflita sobre a possibilidade de haver outro significado e simplesmente pergunte "O que você quis dizer?" e escute de forma sincera. Sempre tenha em mente que você carrega dentro de si uma mágoa permanente da infância que fere você com facilidade e que seu amigo talvez não tenha dito nada ofensivo ou ao menos não tenha feito isso de forma intencional.

Use a imaginação

Apresentarei a seguir alguns exercícios que ajudam a entrar em contato com o subconsciente e podem influenciar positivamente as sensações emocionais.

Trata-se de exercícios de imaginação que inspirarão você a acessar sua força interior. Tais exercícios são originários da teoria hipnótica ou hipnoterapia, da terapia do trauma e da programação neurolinguística (PLN). Esses estilos terapêuticos trabalham com imagens internas que determinam pensamentos e sentimentos. A força da imaginação influencia os processos emocionais; afinal, como o filósofo grego Epíteto disse, não são as coisas que nos inquietam, mas a visão interna das coisas que nos inquieta (ou nos acalma). A imaginação funciona tão bem, nesse sentido, quanto a realidade. Um pensamento muito agradável terá, pelo menos por um breve momento, grande influência sobre os sentimentos, da mesma forma que pensamentos desconfortáveis ou tristes. Podemos aplicar o poder da imaginação para influenciar nosso estado interior. Para isso, apresentarei alguns exercícios.

Os exercícios a seguir são uma pequena seleção, mas você pode escolher aqueles que chamarem mais sua atenção. Seria interessante você inserir tais atividades em seu dia a dia. Muitas pessoas com baixa autoestima vivem de forma muito acelerada e criam poucos momentos para si. Esses exercícios podem significar um grande passo em sua trajetória se você se conceder um tempinho para o recolhimento todos os dias e podem aproximá-lo de conteúdos subconscientes de forma mais profunda. Eles têm a capacidade de afetar você com bastante intensidade. Pode ser também que surjam sentimentos dolorosos. Tente lidar com eles com compaixão. Observe-os sem se perder neles. E esteja sempre consciente de que tais sentimentos são somente uma parte de você, com a qual pode lidar mais tarde. Se você já tiver experiência com técnicas de relaxamento, como o treino autógeno ou o relaxamento progressivo de Jacobson, pode fazê-las antes dos exercícios de imaginação a fim de facilitar o processo.

De início, familiarize-se com as imagens mentalmente. O mero ato de pensar nelas já ajuda muito. Faça isso com calma, em seu tempo. A repetição constante dos exercícios fará com que, com o tempo, você fique cada vez mais confortável e com que eles sejam cada vez mais eficazes.

Às vezes precisamos nos distanciar das coisas que nos desgastam para voltarmos a enxergar com clareza ou iniciarmos algo novo. É por isso que apresentarei exercícios de distanciamento com os quais você poderá deixar pensamentos irritantes ou desgastantes de lado em pouco tempo e criar um espaço livre na sua mente para os exercícios de imaginação. Em seguida vêm os exercícios para recarregar as forças.

Exercícios de distanciamento

Esse tipo de exercício possibilita que você afaste rapidamente ruminações angustiantes e medos.

Saco de areia
Todos nós conhecemos o sentimento agradável de nos distanciarmos das preocupações do dia a dia ao fazer uma viagem, mesmo que curta. É a distância que permite que isso aconteça, pois as inquietações ficam pelo caminho. Existe um exercício muito eficaz que se baseia nessa experiência.

Imagine que você está dirigindo seu carro e no porta-malas tenha um saco de areia, que simboliza as preocupações das quais gostaria de se livrar. Imagine que o saco tenha um buraco e que, a cada quilômetro rodado, um pouco de areia seja despejado pela estrada.

Exercício do baú
Podemos trancar as coisas que nos preocupam em um baú. Em geral, trata-se de lembranças desagradáveis ou receios. Você pode imaginá-los como se fossem um filme. Imagine que você gravou o filme em um DVD e o disco está diante de você, em cima da mesa. Em seu tempo, imagine um baú, um cofre, uma arca ou qualquer outro tipo de caixa grande que possa ser trancada. Pense em um lugar no qual

esse baú ficaria bem localizado. Pode ser um lugar de fácil acesso em sua imaginação. Imagine a aparência do baú. Caminhe em volta dele e perceba a largura e a resistência. Qual a cor do baú, qual o tamanho, de que material ele é feito? Imagine o baú e tenha em mente que você pode abri-lo e fechá-lo. Abra o baú e olhe para o interior. Ele é grande o suficiente ou deve ser aumentado? Se for adequado, coloque o DVD lá dentro. Faça o movimento das mãos para fechá-lo. Toque o baú e perceba como é resistente. E tenha consciência de que aquelas coisas estão guardadas lá, e você pode pegá-las quando precisar.

Exercícios para recarregar as forças

Fonte de energia interna
Este exercício possibilita que você encontre um "lugar interior" que abasteça sua energia e suas forças. Feche os olhos e volte sua atenção para o seu interior. Observe sua respiração sem querer mudá-la. Imagine então um lugar no qual você se sinta bem. Pode ser tanto um lugar real que você conheça quanto um lugar de sua imaginação ou de um filme que tenha visto. Basta ser um lugar que irradia força e tranquilidade para você. A maioria das pessoas imagina um lugar na natureza, mas pode ser também um cômodo no qual você se sinta seguro e protegido. O importante é que não seja habitado por alguém que você conheça pessoalmente, pois as relações com essa pessoa podem provocar alterações em você, e este exercício tem por objetivo tirar a força de dentro de si mesmo e não de relacionamentos interpessoais, que não estão sob seu controle.

Se você tiver encontrado um lugar bonito em sua mente, imagine-se lá e perceba-o com todos os seus sentidos. Olhe à sua volta, escute os ruídos, sinta os cheiros desse lugar e também o que seus pés, suas mãos e seu corpo estão tocando. Sinta, então, a influência que esse lugar tem em seu interior, a força, a tranquilidade, a alegria profunda que desencadeia em você. Quando perceber o sentimento positivo que esse lugar provoca em você, crie a chamada âncora – pode ser, por exemplo, o gesto de apertar o lóbulo da orelha. Você cria, assim, um marcador externo que lembre esse lugar em outros momentos nos quais você precise de força. Você pode inserir esse exercício em seu dia a dia. Com a repetição, seu corpo associará esse estado interno prazeroso com sua fonte de energia interna por meio do toque no lóbulo da orelha.

Quando estiver em uma situação real na qual precise desse estado, aperte o lóbulo da orelha e visualize rapidamente o lugar, sua fonte de energia pessoal, para evocar o sentimento positivo para a situação atual.

Você pode alternar esse exercício com o próximo, no qual você encontra um lugar interno em que se sinta totalmente confortável.

O lugar interno seguro
Antes de dar início a este exercício, tenha consciência de que todos os meios imagináveis estão à sua disposição para a criação de um lugar interno seguro. Não há barreiras para a imaginação. Tenha em mente que as ideias e os conteúdos dos medos são meras ideias. E você sabe como eles são eficazes no sentido negativo. As construções positivas são igualmente eficientes. Se você gosta de fadas, por exemplo, ou duendes, deixe que sejam seus ajudantes, pois tudo que possa ajudar você a construir esse lugar é válido. E saiba também que todos os meios mágicos estão à sua disposição. Você pode fazer elementos levitarem, mudar a cor das coisas por meio de seu pensamento, enfim, tudo que desejar.

Proceda como no exercício da fonte de energia interna, mas desta vez concentre-se em blindar esse lugar de todos os perigos imagináveis desde o início. Você pode erguer cúpulas de vidro ou paredes de energia, pois tudo que garantir a segurança do lugar é válido e correto. Você pode inserir coisas que tornem o lugar bem seguro a qualquer momento. Configure todo o local, torne-o confortável, sinta-se envolvido nele. Veja as cores existentes. Há algo para comer ou beber? Qual é a temperatura do lugar? O que você sente na pele? Qual o cheiro? Torne tudo magicamente aconchegante. E depois que olhar à sua volta por um momento, imagine algo parecido com um aspirador de pó ou uma lata de lixo em que possa jogar tudo que incomodar você. Continue decorando o local e sinta como é agradável estar ali. Um lugar de relaxamento só para você. Sinta-o em seu corpo e observe em qual parte você percebe o sentimento positivo desse lugar seguro de maneira mais forte. Concentre-se no sentimento agradável no corpo e memorize onde o corpo sente mais intensamente o benefício do lugar seguro. Permaneça ainda algum tempo nesse lugar e volte a concentrar sua atenção no agora.

Quando estiver em alguma situação em que precisar de mais segurança, você poderá voltar rapidamente a esse lugar seguro e evocar os sentimentos de novo. Isso ajuda a sentir os pés firmes no chão. Experimente fazer esse exercício antes de dormir. O sono no lugar seguro proporciona força e descanso.

Proteção contra impactos
Este exercício é de grande valia para você se sentir emocionalmente seguro e protegido.

Imagine-se sentado dentro de uma pirâmide dourada. O interior é quente, confortável e suntuoso. As paredes externas são cobertas de espelhos. Se alguém que estiver do lado de fora tentar agredir você, não conseguirá entrar na pirâmide, e o ataque se refletirá nele próprio.

Você pode imaginar também roupas com as quais pode se proteger do mundo exterior. Da mesma forma como você veste um casaco antes de sair de casa quando está frio, pode vestir seu manto de proteção emocional, que cobrirá você de segurança e lhe transmitirá um sentimento de proteção. Algumas pessoas imaginam uma caixa de vidro blindado com a qual veem tudo que acontece no exterior mas estando completamente protegidas. Não há limites para a imaginação.

Momento de maestria
Aqui, trata-se de trazer à memória uma situação real na qual você se sentiu capaz e forte para depois transferi-la a um momento atual no qual você precise dessa autoconfiança.

Feche os olhos e direcione a atenção para a respiração. Pense em um instante de sua vida em que você se sentiu excepcional. Imagine, portanto, uma situação na qual você teve um ótimo desempenho, sentiu muito orgulho de si. Tanto faz se for na esfera profissional, acadêmica ou em algum esporte. O importante é lembrar-se de um momento no qual você de fato se sentiu plenamente satisfeito e orgulhoso de si mesmo. Sinta essa situação com todos os sentidos: visão, audição, olfato, paladar, tato. Sinta o sucesso por alguns minutos.

Permita-se sentir todo o seu orgulho e sua alegria. Em seguida, ache um pequeno movimento de seu corpo que combine com essa situação (assim como o ex-tenista Boris Becker cerrava o punho direito e flexionava o braço após uma boa jogada). Esse movimento será sua âncora exterior. Você pode inserir esse exercício no dia a dia da mesma forma que os outros. Quando precisar desse estado interno de autoconfiança em uma situação, faça o movimento correspondente e evoque seu momento de maestria.

Exercício do feixe de luz
Este exercício é utilizado na terapia da dor, mas ajuda também a combater a exaustão e a desenvolver força. Reflita sobre qual cor você acha reconfortante no momento. Em seu tempo, com calma, confie em sua percepção interna e no poder da imaginação. Se desejar, faça um exercício de relaxamento e imagine, em seguida, que você está sendo iluminado por uma fonte de luz da cor escolhida. Você permite à luz que ilumine sua cabeça e penetre em seu crânio. Deixe a luz tomar conta de sua cabeça, seus ombros e seus braços até chegar às mãos. E siga adiante, passando por todo o corpo a partir da cabeça até chegar aos dedos dos pés. Talvez haja áreas que se beneficiarão mais da luz curativa. Treine fazer a luz passar por todos os cantos e por locais que forem mais confortáveis. Quanto mais você fizer esse exercício, mais fácil será.

Abrace sua criança interior
Este exercício tem como objetivo a autoaceitação. Feche os olhos e foque em sua respiração sem tentar mudá-la. Imagine-se, então, como uma

criança. Você também pode se imaginar como um bebê. Abrace a criança ou o bebê. Se isso sobrecarregar você, dê a mão à criança. Assegure-lhe de que você está feliz por ela existir. Diga-lhe que você fará tudo para protegê-la. Explique-lhe por que vale a pena viver e diga-lhe que há coisas maravilhosas a serem descobertas neste mundo.

Ajudantes internos
Este exercício é de grande ajuda em momentos nos quais você se sentir só e impotente. O objetivo é entrar em contato com sua sabedoria interna. Isso pode soar esotérico para alguns, mas a verdade é que há muito mais sabedoria em nossas profundezas do que nossa consciência imagina. Isso ocorre porque o subconsciente administra uma quantidade gigante de dados, dos quais normalmente só disponibiliza pequenos segmentos à consciência, caso contrário os pensamentos conscientes ficariam sobrecarregados. Neste exercício, você poderá entrar em contato com esse conhecimento interno armazenado mais profundamente.

Feche os olhos e foque em sua respiração. Crie um pouco de espaço livre em sua cabeça: deixe de lado as preocupações e os pensamentos diários que lhe vierem à mente (ou tranque-os no baú). Assim você promete às preocupações que as retomará mais tarde.

Depois que fizer isso, comece a trilhar um caminho interno criado pelo subconsciente. Siga por esse caminho até chegar a um lindo lago. Entre no lago e deixe-se submergir. Nele, você saberá nadar como um peixe com guelras e movimentar-se de forma livre e segura. Esse lago representa seu subconsciente. Seus ajudantes internos o aguardam nas profundezas do lago. Deixe seu subconsciente encontrar os ajudantes internos (ou o ajudante, pode ser um só), não precisa procurar por eles. Podem ser figuras reais ou imaginadas. Diga-lhes oi gentilmente e converse com eles. Pergunte de que modo querem ajudar você, o que têm a lhe dizer, qual conselho têm a lhe dar em um problema específico. Tenha certeza de que tais ajudantes sempre estarão lá quando você precisar deles. Depois que tiverem conversado o suficiente, se despeça com a promessa de que sempre recorrerá a eles e volte à superfície.

Rolha no mar
Este exercício pode ajudar você a se soltar. É muito simples: imagine que você é uma rolha de cortiça boiando no mar. Se o mar for muito assustador para você, imagine um lago ou um riacho.

Tente exercer a gratidão

As pessoas inseguras têm uma percepção aguçada para a deficiência que leva a uma preocupação unilateral com suas supostas fraquezas e com a má sorte que se abate sobre elas. Muitas tendem à autopiedade. Correm o risco de se afundar em humores sombrios, analisando meticulosamente sua incompetência e o azar que têm. Quando entram nesse estado, costumam se lamentar. Os amigos e parceiros nem sempre conseguem compreender o sofrimento relatado por elas. Tentam consolá-las, ajudá-las e reerguê-las, pois veem os pontos fortes e as qualidades da pessoa. Somente ela não consegue enxergá-los, e essa característica pode irritar seus pares. A visão unilateral de suas falhas leva a certa ingratidão.

Tente, portanto, avaliar sua vida, quem você é e quais são suas habilidades do ponto de vista da gratidão. Faça uma lista, de preferência por escrito, de todas as coisas pelas quais pode agradecer. Considere também todas as suas características pessoais positivas e seus pontos fortes. Caso sinta um bloqueio para exercer sua gratidão, pergunte a uma pessoa de confiança o que lhe vem à mente em relação a você. Talvez ela lhe lembre que você concluiu seus estudos e tem uma formação, talvez um bom emprego e renda suficiente. Talvez ela lhe lembre que você tem bons amigos e saúde. Ou que você é um ótimo motorista, tem talento musical ou sabe fazer contas de cabeça.

Você também pode ver suas características sob outro ponto de vista. Se estiver convencido de que, digamos, não é inteligente, reflita sobre as áreas nas quais demonstra habilidade – inteligência é algo muito mais amplo do que a mera capacidade intelectual. Tendo em vista que, de acordo com estudos psicológicos, a inteligência em si não é garantia para o sucesso, e sim a obstinação, talvez você possa ser grato pelo fato de que não é um prodígio, pois, se fosse, não teria desenvolvido tamanha perseverança e dedicação (veja também "Disciplina e alegria em realizar tarefas" na seção "Agir").

Se você se acha feio, pense no que é bonito em você. Com certeza você tem vários pontos positivos. E agradeça ao seu corpo por não lhe causar sofrimento.

Caso esteja doente, ainda assim pode pensar sobre o que há de bom em sua vida para além da doença. Você provavelmente tem bons amigos, acesso a bons médicos ou, ao contrário de muitos outros no mundo, plano de saúde. Você também pode refletir sobre o que ainda há de saudável em seu corpo que não as partes acometidas pela doença, áreas que não lhe proporcionam tristeza e dores.

Se você acha que perdeu muitas oportunidades na vida e tomou muitas decisões erradas, seja grato por ter a perspicácia de reconhecer isso e pela possibilidade de tomar decisões melhores no futuro.

A maior parte das coisas pelas quais podemos ser gratos são presentes da vida. Uma pessoa com sede não pede vinho, mas água. Por isso, volte sua atenção para aquilo que parece óbvio, talvez até banal, pois é aqui que está a fonte da alegria.

Em resumo, lembre que sua tendência a duvidar de si mesmo também pode representar certa ingratidão. Ser grato pelo que se tem é um posicionamento saudável que contribui para a felicidade.

Tenho direito a uma boa vida

Muitas pessoas inseguras têm dificuldade de usufruir uma vida feliz. A sensação difusa de estar sempre em dívida, de não serem boas o suficiente, leva a um estado de constante tensão e inquietação. Esse comportamento limita a percepção das coisas belas da vida. E também de se permitir pausas e prazeres quando o trabalho e muitas tarefas do cotidiano já foram devidamente concluídos. Parece que há sempre mais alguma coisa a cumprir. Até mesmo os indivíduos menos ambiciosos, ou seja, aqueles que satisfazem com a vida nem tão colorida, permitem-se alguns prazeres. O motivo é simplesmente o fato de que pessoas com esse tipo de personalidade têm a perspectiva de que não merecem diversão. A alegação de "precisar merecer o prazer" é, aliás, o maior ponto fraco de pessoas inseguras. Essa postura avessa ao prazer piora seu ânimo já abatido. A baixa autoestima já guarda em si muito aborrecimento, e a proibição autoimposta de alegria e contentamento coloca a pessoa afetada ainda mais para baixo. Como resultado, ela sofre muito mais de mau humor do que quem é seguro de si. E como se isso não fosse punição suficiente, a falta de disposição enfraquece o sistema imunológico, razão pela qual fica doente com mais frequência do que pessoas satisfeitas com a vida.

Para pessoas inseguras, permitir-se aproveitar a vida é praticamente um mandamento do desenvolvimento pessoal. É por essa razão que a chamada terapia dos sentidos faz parte do programa terapêutico atual de algumas clínicas.

Os sentidos pressupõem consciência. É preciso configurar a percepção para apreender o belo. Inicialmente, pode-se fazer isso na terapia dos sentidos. As atividades de comer, cheirar, ver, tocar e ouvir de forma consciente são treinadas com o cliente. A atenção é direcionada às qualidades das coisas que percebemos com os sentidos. Na prática, isso pode parecer um pouco estranho no começo. A uma senhora pediram, por exemplo, que descrevesse com detalhes a sensação do chocolate. "Hum, é doce e amargo e derrete na minha boca", disse ela. "A rosa é cheirosa, suas pétalas são macias, seu vermelho brilha", contou outro cliente. Tenho que me controlar para não sorrir. Como resultado, essa prática leva a uma percepção mais consciente e prazerosa de todas as comodidades que fazem de nosso planeta um lugar confortável para habitar. O objetivo aqui é a diferenciação da própria percepção. Quais características tem uma comida, afinal? Como podemos descrever um cheiro, uma imagem, um som? Tente aguçar seus sentidos para o belo.

Boas impressões, sejam ouvidas, vistas, sentidas, tateadas ou saboreadas, se conectam a associações positivas em nosso cérebro e nos fazem felizes. Muitas vezes não conseguimos registrá-las por causa da correria do dia a dia ou porque estamos perdidos em ruminações. O desenvolvimento pessoal exige, entretanto, que lidemos com nós mesmos, ou seja, que voltemos o olhar para nosso interior, embora ele não deva permanecer ali o tempo todo. Também é importante voltar a atenção e a percepção para fora e deixar o belo entrar em nós. Isso eleva o ânimo. E o ânimo tem uma influência determinante em nossa visão de mundo. Você já passou por isto várias vezes: quando está de bom humor, percebe os problemas como significativamente menores do que quando está abatido. Nossa visão de nós mesmos e de nossos pares também é consideravelmente mais benevolente em dias bons do que em dias ruins. Por isso, procure ver o ato de desfrutar o belo como uma obrigação pessoal.

Cultivar prazeres demanda tempo. Comece a tentar organizar seu cotidiano de forma mais consciente e um pouco mais lenta. Caso você ache que tem tarefas demais para poder se dar ao luxo de se dedicar a prazeres "fúteis", saiba que sua programação até agora fez você girar muito em torno de si mesmo, de seu desempenho e suas obrigações. Cultivar o belo relaxa, e pessoas relaxadas são mais gentis e generosas. Seria proveitoso inserir prazeres em seu dia a dia. Você pode treinar isso percebendo o belo à sua volta de forma mais consciente. Acione os sentidos. E você pode e deve assegurar que a beleza cerque o ambiente à sua volta. Coloque flores em sua escrivaninha. Vista roupas bonitas. Coma com prazer. Escolha um sabonete cheiroso. Há tantas pequenas medidas que podem trazer mais alegria à rotina! A vida também pode ser simples.

Viva o mundo de olhos bem abertos

Pessoas inseguras correm o risco de focar a atenção excessivamente em si mesmas. Inspecionam-se e se avaliam com frequência, direcionando o olhar para si em vez de para o mundo. Isso faz com que muitas coisas lhes escapem. A consequência inevitável do foco nos próprios medos e nas faltas é percebê-los de forma mais intensa. Pode surgir, então, um círculo vicioso, tendo em vista que a atenção na própria dor aumenta sua intensidade. O mesmo acontece com dores físicas: quanto mais atenção deposito nelas, mais insuportáveis se tornam.

Refletir sobre si não significa estar constantemente preocupado com o seu destino. Tudo tem seu tempo. Se você tem tendência a remoer seus problemas, tente estabelecer um limite de tempo para resolver as questões que o incomodam. Você pode se permitir, por exemplo, pensar intensamente durante meia hora e dedicar o restante do dia às tarefas, às pessoas à sua volta, ao mundo lá fora. Tente manter a atenção na resolução ou no outro. Tanto pessoas inseguras como as autoconfiantes costumam ter uma "tela dividida": concentram-se naquilo que estão fazendo no momento e, ao mesmo tempo, estão ocupadas emocionalmente com outras coisas. Os inseguros se preocupam mais intensamente com a impressão que gostariam de deixar nos outros. Estão ocupados com o outro e consigo simultaneamente. Assim, parte de sua atenção ao interlocutor se perde. Psicólogos chamam tal foco interno de "automonitoramento", que significa que a pessoa praticamente filma a si mesma com uma câmera. Fazer uma mudança consciente do foco da câmera e direcionar a lente para o mundo à nossa volta é um alívio. Assim, a atenção sai de si e é direcionada ao ambiente. Isso pode ser um caminho saudável para se distrair dos medos e abrir a percepção para o mundo à volta. A percepção enriquece nosso conhecimento e nossa experiência. E pode trazer felicidade em si. Um olhar voltado para o exterior é necessariamente menos egocêntrico. Tente se tornar consciente de que o mundo lá fora pode ser muito mais interessante que suas ruminações internas.

Nos últimos anos, a prática budista de atenção plena tem sido cada vez mais usada na psicoterapia. Não costumo empregar esse termo – apesar de usar métodos parecidos – pois sou da opinião de que não se faz jus à filosofia budista quando se utiliza a atenção plena como uma técnica. Prefiro deixar que os budistas falem sobre o assunto e me contento com a possibilidade de incentivar você a viver de olhos bem abertos e aguçar os sentidos.

Comunicação

Tenha coragem de se abrir para a vida e de intervir nela

Se quiser ter autoconfiança, sua meta deve ser tirar o disfarce e gostar de si mesmo. Você vive sob a ilusão de que seu disfarce lhe oferece proteção, mas, na verdade, lhe causa mais problemas do que soluções. É provável que você tenha internalizado a crença, na infância, de que deveria se adequar e satisfazer as expectativas de seus pais para ser amado e aceito. Ou, se você for daqueles que se defendem impulsivamente e que "aturam" menos, pode estar preso à intenção fixa de se revoltar contra o que os outros pensam e esperam de você. Em ambos os casos, você tem dificuldade de se defender com modos e palavras adequadas. Se conseguir falar com as pessoas de maneira sincera e clara, você terá mais influência na vida – e notará efeitos significativos na autoestima.

Fale!

O que você leu até aqui já deve ter deixado claro que um dos maiores problemas das pessoas inseguras é não ter coragem de expressar sua opinião, seus desejos e sentimentos de modo franco. Estão sempre com medo de incomodar. Nas conversas com meus clientes, percebo que muitas pessoas inseguras não falam nada, apesar de desejarem, e nem ao menos *têm ideia* de que *poderiam* dizer alguma coisa em determinada situação. Retrair-se, não agir e não estabelecer limites é tão natural para muitos deles que nem lhes ocorre que poderiam fazer algo. Pergunto ao cliente com verdadeiro espanto: "E por que você não disse nada?" A resposta é que não lhe passou pela cabeça que teria a possibilidade e o direito de dizer algo. O medo da superioridade do outro se internalizou tão profundamente nessas pessoas que elas sufocaram o impulso de autoafirmação.

No caso dos inseguros do tipo agressivo acontece o contrário: eles se defendem, mas em geral o fazem de forma excessiva e em situações que não necessariamente têm a ver com a questão. Soltam comentários mordazes, mas não têm coragem de falar sobre as coisas que de fato são importantes e que exigiriam uma autorrevelação honesta.

Como esse medo pode ser superado? Minha resposta: por meio de um propósito maior. Considere o seguinte exemplo: uma pessoa pula de uma ponte para salvar uma criança de afogamento. A pessoa estava com medo de pular da ponte? Provavelmente sim. Mas superou seu medo por uma causa maior, isto é, salvar a vida da criança.

O que isso tem a ver com seus medos? Quando você guarda para si sua opinião, seus medos e suas necessidades, sua raiva e seu aborrecimento, *você não dá nenhuma chance ao outro*. Você – supostamente – se protege, mas bloqueia valores mais elevados da autoproteção, como:

Justiça: Enquanto o outro não tiver ideia do que se passa na sua cabeça, ele não tem nenhuma chance de se comportar corretamente com você. Se Ana, por exemplo, ficar com raiva de Bernardo, mas não comunicar isso a ele, Bernardo não tem como: a) esclarecer um possível mal-entendido, b) explicar a Ana qual é a sua visão do que estão vivendo, c) mudar seu comportamento ou d) desculpar-se com Ana. Se Bernardo repetir o comportamento que irrita Ana, porque não tem a menor noção de que ela se desgasta com isso, a raiva de Ana por Bernardo vai aumentar. E tende a se acumular. Ana pode desenvolver por Bernardo uma raiva reprimida que desgasta a relação muito mais que uma palavra sincera no momento correto. Bernardo não teve nenhuma chance.

Honestidade: Outro valor mais elevado que a autoproteção é a honestidade. Quando oculto minha opinião do outro em uma ocasião importante, não me comporto de forma honesta. Em alguns contextos, pode ser adequado pensar só em nos protegermos e nada mais. Quando estamos lidando, por exemplo, com um chefe muito difícil e objetivamente somos o elo mais fraco, tudo bem ocultar sentimentos e opiniões. Mas em geral é simplesmente covardia não ser honesto.

Ana, por exemplo, acha que Bernardo fala muito de seus problemas e se interessa pouco pelas necessidades dela. Ela, entretanto, não é clara em relação a isso, e evita encontrar Bernardo. Por que não diz com sinceridade que gostaria que ele se interessasse mais pela vida dela? Ou por que Ana não fala sobre seus problemas sem que Bernardo os aborde diretamente? Pode ser que Bernardo pense que Ana simplesmente falaria caso quisesse contar algo sobre si. Pode ser também que Bernardo dissesse, caso Ana abordasse a questão sinceramente: "Você tem razão. Estou tão absorto em meus problemas no momento que não perguntei como você está se sentindo. Sinto muito, vou melhorar." E a relação entre Ana e Bernardo estaria resolvida após uma conversa sincera. Eles poderiam se aproximar. A retirada silenciosa de Ana, no entanto, causou um distanciamento entre eles.

Coragem: Pedro costuma falar pejorativamente sobre sua esposa, algo que incomoda Wagner, para quem a esposa de Pedro é muito simpática e não merece essa desvalorização. Mas ele não diz nada, pois acredita que não deve se meter no casamento dos outros. O argumento de não querer se meter em assuntos alheios é, entretanto, mera justificativa para a falta de coragem de Wagner. Na realidade, Wagner tem medo de que Pedro leve a mal a defesa que faria de sua esposa, caso ele dê sua opinião honesta. Nesse contexto, é importante sublinhar que devemos assumir uma posição. Na maioria das situações, não perderemos a vida ou o emprego caso defendamos nossas crenças e formos corajosos em favor dos outros. A coragem é uma virtude não valorizada, que deveria falar mais alto que o medo.

Amizade: A amizade deveria ser suficiente para superarmos o medo e para lidarmos com um amigo de forma honesta. Esse também é o melhor caminho para que a relação perdure. Em uma amizade saudável e duradoura, sempre podem acontecer situações nas quais um "enche a paciência" do outro. Se não abordo a questão, sobrecarrego a amizade mais do que quando falo com meu amigo sobre o assunto. Além disso, um bom amigo deve poder fazer uma crítica de vez em quando. Quem mais poderia nos tornar conscientes de nossas manias se não bons amigos? É claro que é desagradável quando um amigo tem odor corporal ou mau hálito. Mas se um amigo não falar sobre isso, quem o fará? Pessoas inseguras superestimam o problema que uma conversa sincera pode causar. Quando juntam coragem para falar, entretanto, se surpreendem com a recepção positiva das pessoas e com o fato de que o medo, em grande parte, era falso.

Muito importante: Pessoas inseguras acabam se sentindo mais confiantes quando dão sua opinião sincera.

Defender-se e defender os outros é o passo básico para aumentar a autoestima. A razão é que com isso as pessoas adquirem uma percepção cada vez mais acentuada de ter influência sobre sua vida e a de outras pessoas. O sentimento de impotência vai embora quando elas passam a ser autossuficientes por meio da fala.
É claro que o modo como formulamos algo também é determinante.
Pessoas inseguras são, por natureza, menos treinadas a falar e costumam ter dificuldade de encontrar as palavras certas. Por essa razão, darei algumas dicas sobre como abordar um problema, expressando-se de forma clara e sem ferir o outro desnecessariamente.

A melhor maneira de dizer algo

A seguir, algumas sugestões de como abordar um conflito da melhor maneira possível. Precisarei limitar a abordagem a algumas regras básicas, pois o tema em si poderia dar origem a um livro inteiro, e não quero sobrecarregar você, leitor.
A *postura interna* com a qual encaramos o outro é mais importante que todas as técnicas de comunicação. O objetivo deve ser esclarecimento e paz, e não ganhar ou perder. Trata-se de consenso, não de superioridade. Pessoas com a autoestima saudável enxergam a si mesmas em pé de igualdade com o outro. Não se sentem nem inferiores nem buscam sobressair em qualquer situação.
O importante é esforçar-se para compreender a si mesmo e as pró-

prias questões e também olhar para as necessidades e possíveis pontos fracos do outro. Evite criar uma imagem de inimigo, mesmo se você estiver cheio de ódio. Pessoas muito "difíceis" que são duras, caprichosas e injustas nas interações sociais sempre têm uma história de vida trágica que as impeliu a agir desse modo. Ninguém nasce mau. Poucas pessoas querem realmente ser "más". Tente ser compreensivo com você mesmo *e* com o outro.

Volta e meia me dou conta de que as pessoas inseguras não têm dificuldade de comunicação, mas de inibições que bloqueiam o pensamento. Quando uma pessoa insegura se encontra em estado relaxado, todas as frases e os argumentos que gostaria de dizer lhe ocorrem. Liberte-se, portanto, da ideia de que você deveria ser excepcionalmente eloquente. Não importa se você disser algo de forma elegante ou simples. Você não precisa ter um vocabulário digno de filme. Diga exatamente o que deseja dizer e, de preferência, sem palavras complicadas. Não se preocupe com a performance, tenha o objetivo em mente. E o objetivo é: quero formular a questão X e quero ouvir e entender o que o outro tem a dizer sobre isso.

Isis tem uma colega que, de tempos em tempos, faz comentários ásperos que a magoam. Tendo em vista que os comentários geralmente surgem do nada, Isis sempre fica sem reação. Ela simplesmente não encontra a resposta adequada no momento em que isso acontece. Quando sua colega dispara a falar de modo inconveniente, Isis deveria responder: "Por favor, pare de fazer tais insultos. Eles envenenam o clima de trabalho desnecessariamente." Isso é uma afirmação bem clara. Com essa declaração, Isis abriria mão de dar o troco, pois não deseja sobrecarregar a relação ainda mais e iniciar uma guerra. Ela simplesmente diria o que pensa.

A colega poderia responder: "Ah, não seja tão sensível. Eu não quis dizer isso dessa maneira." Pode ser que agora não ocorra nenhuma resposta a Isis. E é exatamente esse tipo de situação que as pessoas inseguras mais temem: elas dizem algo, a pessoa responde, e elas não conseguem reagir a essa resposta. O truque é não se deixar bloquear pelo medo de inferioridade, mas permanecer no assunto. E mais uma vez: você não precisa ser excepcionalmente perspicaz. Esqueça isso, pois o esforço para ser perspicaz só bloqueia seus pensamentos. Isis poderia responder agora: a) Pode ser que eu seja sensível, mas ainda assim seria gentil se você pudesse ter um pouco de consideração, pois assim nos entenderíamos melhor, b) Não acho que eu seja sensível, e se você não quer dizer isso dessa maneira, então não diga, c) É exatamente disso que estou falando: acabei de lhe pedir para deixar de fazer comentários ofensivos, e você me chama de sensível. Pare com isso, por favor.

Nenhuma das três respostas é espirituosa ou perspicaz. Mas todas as três expressam o que Isis quer dizer. Ela decidiu permanecer na questão, e não entrar na espiral do medo. Esforçou-se para se concentrar no conteúdo da conversa, e não em sua ansiedade. A ideia de que ela não precisa necessariamente responder de imediato foi de grande auxílio. Caso não lhe tivesse ocorrido nenhuma resposta no momento, ela teria uma hora, um dia ou uma semana para ir até sua colega e lhe dar a resposta. Na maioria dos casos, você não precisa se colocar sob pressão. Teria sido tranquilo se Isis tivesse ido à sua colega uma semana depois e tivesse dito: "Sabe, sua resposta de alguns dias atrás sobre eu ser sensível me passou novamente pela cabeça. Você me ofendeu com esse comentário. Pare de fazer isso, por favor. É muito mais saudável se nos entendermos bem." Muitas pessoas com baixa autoestima acham que se não responderem imediatamente terão perdido o direito de autoafirmação naquela situação. Isso não é verdade. É perfeitamente legítimo retomar uma resposta perdida mais tarde.

Já mencionei que também devemos tentar adquirir compreensão pelo outro. Voltemos ao exemplo anterior. Por que a colega de Isis faz tais comentários? Isis acredita piamente que a colega não gosta dela, pois sempre acha que receberá mais rejeição do que simpatia. Mas ela está equivocada em sua avaliação, como ocorre com tanta frequência com quem sofre de baixa autoestima. Isis é, na verdade, o tipo de pessoa que agrada os outros. É querida no escritório. É possível que sua colega tenha um pouco de inveja dela justamente por essa razão. Pode ser também que sua colega tenha muitas preocupações pessoais e despeje sua frustração inconscientemente nos outros. É possível que sua colega seja rude por natureza e tenha pouco tato para lidar com a sensibilidade dos outros. Pode ser também que Isis tenha feito algo que irritou sua colega. Por ser avessa a conflitos, a colega pode não ter coragem de dizer isso abertamente, e faz comentários sarcásticos. Há várias possibilidades de interpretação.

Seja como for, Isis poderia simplesmente perguntar à sua colega qual a razão para os comentários ácidos e tentar esclarecer a situação de forma direta. Poderia dizer, por exemplo: "Reparei que você costuma fazer comentários mordazes sobre mim que me chateiam. Eu me pergunto a razão para isso." Sua colega poderia responder: "Você tem razão, às vezes sou muito rabugenta. Tenho a sensação de que você não reconhece o quanto eu facilito o seu trabalho." Elas poderiam, assim, conversar sobre o que sentem e tentar ser mais compreensivas uma com a outra.

Em resumo, não veja o interlocutor como uma pessoa superior, mas como alguém que tem pontos fortes e fracos como você. Não busque ter razão, tente obter um consenso em pé de igualdade. Concentre-se no que você deseja falar, não em sua representação externa. Foque na conversa, não no embrulho que está sentindo no estômago. Ouça o interlocutor e esteja receptivo para seus argumentos. Esteja aberto para suas palavras e para a possibilidade de você estar com uma visão errada das coisas. Não há problema algum nisso. O objetivo é esclarecer a questão. Se em busca de tal esclarecimento você ouvir o outro e acabar percebendo que está com uma visão errada da situação, simplesmente assuma isso. Vai ficar tudo bem.

Frases iniciadas com "eu"

Esta é outra técnica que pode ajudar você a abordar um tema sensível de forma amigável. Trata-se de uma prática simples e muito conhecida, ensinada em praticamente todos os seminários e livros sobre comunicação. Um exemplo "Eu fiquei esperando você muito tempo", em vez de "Por que você sempre se atrasa?!". As frases iniciadas com *eu* são mediadoras, pois diminuem os riscos de que o outro se sinta culpado ou atacado. As frases iniciadas com *você* costumam conter uma atribuição de culpa que desperta no outro o impulso de se justificar, o que pesa o clima da conversa, podendo desaguar em uma troca de acusações e, por fim, em briga. Ao usar frases iniciadas com *eu*, por outro lado, a pessoa tende a expressar como se sente e o que determinado comportamento provoca nela, o que abre a possibilidade de que o outro a compreenda e crie empatia.

Por exemplo, a pessoa A diz: "Fico chateado quando você folheia o jornal enquanto lhe conto algo importante." Essa afirmação permite que a pessoa B reaja de maneira mais equilibrada do que se ouvisse "Você nunca presta atenção em mim". Nesse caso, B se sentiria atacado e diria algo para se justificar. A então se sentiria impelido a comprovar sua alegação, mencionando situações anteriores. E disso surge uma briga desnecessária.

Tente falar de si o máximo possível ao expor uma questão.

Reconheça sua parcela de responsabilidade

Um problema que observo nos relacionamentos de pessoas inseguras é a tendência a transferir suas fraquezas para o outro em virtude do sentimento de inferioridade. Lembre-se do exemplo de Susana, que estava chateada com Joana, sua amiga da academia a quem julgava mais bonita e mais interessante. Antes de abordar um conflito, tente reconhecer em que medida você pode ter contribuído para o problema, mesmo que não intencionalmente, e se você tem uma percepção um pouco deturpada do outro. A insegurança leva muitas pessoas a interpretar palavras e atos alheios de forma unilateral e negativa, por causa de seus sentimentos de inferioridade, que levam a uma maior propensão à ofensa. Elas tendem também a julgar de maneira injusta aquelas pessoas que enxergam como superiores ou dominantes.

Vivian e Carmen são amigas. Vivian a admira, acha Carmen linda e autoconfiante. Tem a sensação de que depende mais da amizade de Carmen do que o inverso, por isso às vezes diz o que ela quer ouvir e não o que realmente pensa. Não tem coragem de contradizer Carmen quando tem uma opinião diferente da dela. Coloca Carmen em um pedestal. O problema de pedestais, entretanto, é que todos podem cair deles.

Como qualquer pessoa, Carmen tem qualidades e defeitos. Um dos seus defeitos é o costume de exagerar um pouco no álcool em festas. Como normalmente já não é tímida, quando bebe demais Carmen às vezes – aos olhos de Vivian – perde a linha. Isso deixa Vivian bem desconfortável, mas ela não comenta nada pois não tem coragem de criticá-la. Quando está bêbada, Carmen fica ainda mais falante. Certo dia, ela constrangeu Vivian quando disse a um rapaz em quem Vivian tinha interesse que sua amiga era um pouco tímida. Vivian ficou vermelha feito um tomate e bastante brava. Como incidentes como esse acontecem com frequência, o pedestal em que Vivian colocou a amiga começa a vacilar.

Em vez de conversar diretamente com Carmen, Vivian desabafa com sua amiga Lívia. Relata as situações embaraçosas que têm ocorrido e comenta que muitas vezes se sente dominada por Carmen. Lívia compreende Vivian e a apoia, o que reforça as dúvidas latentes de Vivian a respeito de Carmen. Cada vez mais Vivian sente que precisa se libertar da dominação da amiga. E contabiliza os momentos nos quais Carmen a dominou e/ou a envergonhou. Carmen, no entanto, ainda é sua melhor amiga.

Após longa reflexão, Vivian decide que talvez seja melhor conversar abertamente com Carmen. Só que, como esperou muito tempo para se abrir, sua lista de queixas é longa e sua raiva está acumulada. Para completar, Vivian não reflete sobre sua parcela de responsabilidade nessas situações recorrentes.

Nesse sentido, a crítica de que Carmen a domina é injusta. É problema de Vivian, e não de Carmen, se ela não tem coragem de dar sua opinião. Além disso, as inseguranças de Vivian lhe causam muita sensibilidade. Visto de forma objetiva, o comentário feito ao rapaz que Vivian paquerava não foi tão grave assim. Pelo contrário: Carmen queria simplesmente insuflar um pouco de coragem nele, porque teve a impressão de que ele também estava interessado em Vivian. Agiu, portanto, com boas intenções. Quanto à vergonha que sente de como a amiga se comporta quando está embriagada, cabe a Vivian lidar com isso. Isso não significa, porém, que Carmen seja perfeita ou que não exagere às vezes no que diz.

Para conversar sobre os atritos de uma relação, é preciso compreender a própria parcela de responsabilidade na situação. Vivian não reconhece isso. Quando finalmente discorre sobre suas impressões com Carmen, ela consegue "prová-las" com incidentes de anos atrás e Carmen é pega desprevenida. Com a sensação de que muitas das críticas da amiga são injustas, ela mostra sua perspectiva dos incidentes e tenta se explicar. Só que, em vez de haver uma troca, Vivian continua com sua avaliação errônea de que "não adianta" tentar esclarecer nada com Carmen, pois ela "sempre quer ter razão" e não aceita críticas. Sua percepção de que Carmen é dominante aumenta durante a conversa e a falta de autocrítica por parte de Vivian transforma Carmen em causa perdida.

Esse exemplo mostra que nem todos os problemas podem ser resolvidos com conversas sinceras. É importante se questionar qual é sua responsabilidade em determinada situação e reconhecer quando você empurra seus problemas para os ombros alheios. Nem toda crítica é justificável. Espero que você desenvolva, a partir da leitura deste livro, uma sensibilidade mais precisa para seu papel em certas relações problemáticas. É necessário um cuidado especial para os casos em que o outro é visto como supostamente superior, pois isso pode levar a percepções deturpadas – como exemplificado na história de Vivian e na de Artur, que vimos na seção "Dissimulação, atribuição de culpa e resistência passiva".

Tente ser o mais honesto possível consigo. Pergunte-se: *Essa pessoa de fato cometeu esse erro ou será que tenho inveja dela por alguma razão? Essa pessoa realmente me domina ou eu é que não consigo falar o que penso? Todos realmente me tratam com desprezo ou eu mesmo me enxergo como inferior?* É importante dar uma chance ao outro em uma conversa sincera. Escute o que a pessoa tem a dizer e tente entender seu ponto de vista.

Carmen teria toda a razão se tivesse dito a Vivian, por exemplo, que não sabe ler pensamentos. Mas Vivian não se abriu para o que Carmen pensava, porque já tinha sua visão dos fatos consolidada – com o apoio da amiga Lívia –, de modo que Carmen não teve chance alguma.

Não se deixe encurralar

Veremos agora o problema da resolução de conflitos pelo outro lado. No último exemplo, Vivian não agiu de modo correto pois não refletiu sobre sua parcela de responsabilidade no problema. Isso pode acontecer com qualquer pessoa, seja ela insegura ou autoconfiante. A questão com as pessoas inseguras é que elas não se julgam no direito de falar. A insegurança se apodera delas especialmente quando precisam defender seu ponto de vista. Assim, muitas vezes se sentem encurraladas, pressionadas. Acredito que por trás de tal problema há um erro de pensamento. *Não se trata de ter razão, e sim de apresentar argumentos.*

Quero relembrar você que não se trata de ganhar ou perder, mas de compreensão e consenso. Por ter medo de acabar em uma posição de inferioridade, muitas pessoas inseguras se preocupam em excesso com seus medos em vez de refletir sobre seus argumentos. Se eu defendo certa opinião, é porque tenho argumentos. E defenderei essa opinião até que alguém me traga argumentos melhores. Nesse caso, devemos dizer: "Você tem razão." Idealmente, não há problema nenhum em dar razão a alguém com melhores considerações, em estar errado sobre determinado assunto. Deveríamos nos preocupar em avançar na questão. Mas também não podemos baixar a cabeça se não nos apresentarem argumentos melhores. E se não chegamos a um consenso, só resta aceitar que pensamos diferentes e seguir a vida.

Se você não se sentir inseguro em defender certo ponto de vista, pense sobre seus argumentos. Provavelmente você vai ouvir contra-argumentos, poderá considerar essas novas ideias e refletir se deve mudar algo em sua opinião. Quando encerrar essa análise, fale. Se seu interlocutor trouxer fatos que você não havia considerado mas que lhe parecem razoáveis, dê razão a ele. Caso não tenha certeza, diga apenas que vai pensar a respeito. E se não concordar com os argumentos, mantenha seu ponto de vista respeitosamente.

Cristina frequentemente se chateia com seu parceiro, Bruno, porque ele sempre se atrasa para os compromissos. Ela gostaria de ter certa previsibi-

lidade no planejamento de seu tempo livre. Não quer, por exemplo, saber somente na sexta à tarde se eles vão se encontrar à noite.

Ela já lhe disse isso inúmeras vezes. Bruno argumenta que seu trabalho não permite um planejamento de longo prazo, pois ele precisa responder a solicitações de pacientes. Além disso, planejar-se com muita antecedência não é do seu estilo: ele prefere a espontaneidade. Há, portanto, um conflito de interesses: de um lado, Cristina necessita de planejamento e previsibilidade; do outro, Bruno deseja flexibilidade.

Cristina nem ao menos tem certeza se tem direito de demandar mais planejamento de Bruno, afinal, não pode esperar que ele tenha o mesmo estilo de vida que ela. Além disso, nitidamente não é tão importante para Bruno se eles se veem ou não. Ela tem a sensação de que valoriza a relação mais do que ele, por isso tem medo de que Bruno a abandone se ela insistir na questão.

Mas ela percebe que acaba pagando o preço pela necessidade de liberdade de Bruno. Fica muito irritada quando precisa esperar por ele, pois poderia estar fazendo outras coisas nesse tempo. E quando Bruno lhe diz em cima da hora que não se encontrarão naquela noite, ela não tem um plano B e acaba em casa sozinha, com saudade mas também com raiva de Bruno.

Em resposta à maneira de Bruno de planejar os encontros, Cristina mantém suas noites livres pelo máximo de tempo possível, porém isso lhe dá a sensação de que não tem controle sobre a própria agenda. Em uma sessão de terapia, pedi a Cristina que enumerasse os argumentos para sua reivindicação. Após alguma reflexão, ela indicou o seguinte:

1. Manter a palavra e ser pontual são comportamentos que mostram respeito ao outro. Bruno deveria se organizar para não me deixar esperando. Não está certo que eu pague o preço pelo estilo de vida que ele leva.
2. Relacionamentos envolvem dar e receber. Bruno espera que eu me adapte 100% a ele, como se sua necessidade de ser mais espontâneo e livre tivesse preferência sobre a minha necessidade de ter controle e ser planejada. Seria necessário entrarmos em um acordo que contemplasse também minhas necessidades.

Depois de refletir sobre os argumentos a favor de sua reivindicação, Cristina ganhou mais segurança de sua perspectiva. Ficou claro para ela que, até aquele momento, Bruno vinha determinando as regras de encontros no relacionamento dos dois, sobrando para ela praticamente só o papel de se adequar a ele. Naquele momento ela reconheceu que seus desejos de se programar com antecedência tinham tanta legitimidade quanto os de Bruno de ter espontaneidade.

Na conversa que tiveram em seguida, ele cedeu, pois não tinha bons argumentos para contrapor à perspectiva de Cristina. Ela manteve sua posição e eles chegaram a um acordo favorável.

Vale observar que a conversa entre Cristina e Bruno poderia ter sido diferente. Por trás da fobia de planejamento de Bruno há efetivamente um medo de intimidade que poderia tê-lo levado a insistir em seu modo de agir ou a aceitar um meio-termo somente da boca para fora. Nesse caso, as coisas teriam permanecido da mesma maneira para Cristina, apesar de seus bons argumentos.

O fato de abordar o assunto e termos bons argumentos não nos dá garantia alguma de sucesso. Não temos, afinal, nenhuma influência direta nos outros. A única pessoa que podemos influenciar diretamente somos nós mesmos. Mas Cristina fez, nesse caso, tudo que estava *ao seu alcance* para melhorar a relação com Bruno. E é esse o objetivo. Se Bruno vai aceitar a proposta ou não, isso não é mais responsabilidade de Cristina. E essa é uma conclusão importante, pois muitas pessoas inseguras pensam que "não vai adiantar nada mesmo". Isso está errado, porque uma conversa traz avanços reais e, em segundo lugar, porque a ação não deve ser orientada exclusivamente pelo possível sucesso. Não aborde uma questão apenas quando achar que a conversa vai funcionar. O que deve impulsionar a ação é o pensamento: *O que posso fazer, dentro do que está ao meu alcance, para melhorar a situação e agir corretamente?*

Cristina tinha medo de perder Bruno se o pressionasse com a exigência de mais compromisso. É uma preocupação compreensível, pois pessoas com medo de intimidade – caso de Bruno – costumam reagir fugindo da situação quando lhes demandam responsabilidade. Minha opinião sobre o assunto é: antes um fim chato que uma chateação sem fim. O comportamento de Bruno é muito desgastante para Cristina, o que nos leva a pensar se ela conseguirá aceitar esse tipo de relacionamento a longo prazo. Manter conflitos potenciais debaixo do tapete não leva a nada, pois eles se multiplicam. Uma conversa sincera pode trazer à tona problemas, como a falta de planejamento e de compromisso de Bruno. Isso pode desgastar o relacionamento em curto prazo se comparado com a possibilidade de Cristina não falar nada. Em longo prazo, a relação com Bruno sob tais circunstâncias estaria fadada ao fracasso de uma forma ou de outra. E Cristina teria feito críticas justas a si mesma: *Por que aceitei o comportamento de Bruno por tantos anos? Por que não me defendi ou terminei a relação muito antes?* Conclusão: seu silêncio teria somente prolongado sua relação infeliz.

Quase todo mundo já teve medo de pressionar demais o outro ou de perdê-lo quando formula com todas as letras suas necessidades e seus desejos. Já senti isso na pele. Mas vamos pensar em alguns argumentos relacionados a tomar uma atitude:

1. Sou acessível e transparente. Ninguém precisa quebrar a cabeça para entender o que penso, pois assumo responsabilidade por minha existência.
2. Sou justo, pois somente se eu disser alguma coisa o outro terá a chance de ajustar a relação comigo, sendo que a possibilidade de eu ceder ou até mesmo de mudar de opinião pode ser a solução do problema caso eu perceba, durante a conversa, que minha visão é unilateral ou errada.
3. Percebo que, em vez de resolver um conflito, o silêncio costuma agravá-lo. Em longo prazo, a relação fica ainda mais desgastada. Na maioria dos casos, uma conversa sincera melhora a relação.
4. Caso a relação seja muito complicada, uma conversa sincera pode não contribuir para que se torne mais saudável. Pode, sim, ajudar a trazer à tona mais depressa os problemas profundos subjacentes ou a extensão do problema.

Cabe ressaltar ainda que se trata de considerar tanto seus argumentos quanto os do outro. Todos nós já passamos pela experiência de sermos atacados injustamente e de não conseguirmos nos defender, pois o agressor não reage às nossas palavras e permanece obstinado em suas convicções. Isso pode causar o sentimento de impotência na vítima. Indicarei mais adiante, na seção "Quando argumentos não bastam", como agir nesses casos.

Sincero ou chato?

Todos nós conhecemos pessoas que declaram o tempo todo sua opinião e suas necessidades, o que as torna bastante irritantes. Você pode se perguntar, portanto, qual o limite entre saber se afirmar e ser um grande chato. A diferença é que chatos só pensam em si. Sua percepção é egocêntrica e eles não consideram as necessidades alheias, lutam exclusivamente em causa própria. Uma pessoa com boa autoestima consegue ter empatia pelos outros e também levar em conta os próprios desejos. Por isso é importante entender os dois lados.

Não é meu propósito ensinar você a falar só de si mesmo e suas necessidades. Também acredito que não vale a pena discutir por cada mínimo detalhe. Podemos tranquilamente deixar passar alguns incômodos. A hora de conversar é quando percebemos que acumulamos raiva ou quando algo é muito importante para nós. Enquanto você considerar também o lado da outra pessoa, estará imune a ser um chato.

Quando argumentos não bastam

Uma situação bastante difícil que pode surgir em uma conversa é quando o outro não está disposto a ouvir e você tem a sensação de que está falando com uma parede. Nesse momento, você pode ter os melhores argumentos e estar totalmente certo e ainda assim a causa parece perdida. Você se sente impotente e não entende o que está acontecendo. Faz repetidas tentativas para se explicar e pode até se perder em justificativas. O pior desse tipo de situação é que o determinante não são argumentos e compreensão, mas o fato de que o outro quer ir embora, desistir.

Jonas, de 41 anos, tinha três irmãs mais velhas. Era dominado por esse trio. Além delas, ainda havia a mãe deles, bastante controladora. A infância o levou a ter um comportamento muito ambivalente em relação às mulheres, em especial àquelas autoconfiantes e poderosas. Se por um lado ele se sentia atraído por essa personalidade forte, pela qual nutria admiração, por outro elas desencadeavam nele sentimentos de inferioridade que marcaram sua infância.

Jonas não tem consciência dessas ambivalências. Como resultado, apresenta inconscientemente o padrão de exercer poder frente a mulheres fortes. No trabalho, ocorrem frequentes conflitos com colegas mulheres, em cuja presença ele se comporta de forma desagradável, presunçosa e condescendente. Ele já perdeu o emprego algumas vezes em virtude de sua incapacidade de trabalhar em equipe, o que acabou prejudicando ainda mais sua autoestima já fragilizada.

Jonas tem uma amiga de muitos anos chamada Stella. Stella é atraente e bem-sucedida profissionalmente, apesar de não ter a maior autoconfiança do mundo, mas em geral não se nota esse detalhe nela. Por esse motivo, ela costuma atrair a inveja de pessoas que não se sentem tão favorecidas pelo destino. Um dia, Stella tem um conflito bastante difícil com Nicole, uma conhecida em comum com Jonas. Stella, uma pessoa justa, tenta solucionar o problema com bons argumentos e com tudo que está ao seu alcance, mas de nada adianta, pois Nicole se sente inferior a Stella.

Nicole não reage às palavras de Stella, só presta atenção em sua própria "verdade". Um dia, Nicole encontra Jonas por acaso e lhe conta em detalhes a versão deturpada dos acontecimentos, segundo sua visão. Quando Jonas encontra Stella, ele a confronta em relação ao acontecido. Stella se esforça para se explicar, dispondo não somente de uma argumentação muito clara e compreensível, mas com base em provas, visto que grande parte do conflito ocorreu via e-mails, que mostram quem disse o quê e como.

Durante toda a conversa, Jonas fica sentado de braços cruzados e com uma expressão cética. Stella fala e fala, mas Jonas não sinaliza em momento algum que esteja inclinado a acreditar nela. Stella então sugere que ele leia os e-mails, mas Jonas recusa a ideia com um gesto de desdém. Stella se acaba de falar. Ela parte do princípio de que Jonas é um bom amigo que está disposto a formar uma opinião objetiva. Acha, erroneamente, que tem alguma chance de ser compreendida. Jonas sente prazer com a maratona de justificação na qual Stella entra por causa de sua postura cética permanente. Ele está adorando ver sua "amiga" bem-sucedida sentir na pele o que é ser torturado. Dessa vez ele realmente mostrou a ela (representando sua mãe e suas irmãs) o que é bom para tosse.

Stella cometeu o erro de se deixar levar pela recusa de Jonas a compreender o que de fato aconteceu. Ela acabou involuntariamente enredada na estrutura de poder do amigo. Teria sido melhor encerrar a conversa. Stella, que desde o início notou que Jonas havia tomado o lado de Nicole, deveria ter dito a Jonas: "Não preciso me justificar, mas posso lhe contar a história toda novamente do meu ponto de vista. Não vale a pena me chatear com essa questão." Depois de contar outra vez a história, ela poderia ter dito o seguinte sobre a rejeição dele: "Estou vendo que não faz o menor sentido tentar convencer você com argumentos. Você nitidamente não está aberto a isso." E não deveria reagir mais às provocações dele.

É comum conversas girarem em torno não da questão em si, mas de conflitos subliminares, parcialmente inconscientes, que o interlocutor carrega dentro de si e projeta no outro, assim como Jonas projetou em Stella seu problema fundamental com mulheres fortes. Quando acreditamos que o interlocutor nos compreenderia por ser um amigo, podemos fazer uma avaliação errada da situação. Acreditamos que o outro deseja nos compreender e, como a questão objetiva é tão clara, falamos incansavelmente. Pessoas inseguras em especial entram em crise nessa situação, pois começam a duvidar da veracidade das próprias palavras em virtude da persistente recusa de compreensão do outro, esforçando-se cada vez mais para obter sua aprovação.

Como reconhecer a tempo uma situação complicada como essa? Se você tiver bons argumentos e até mesmo provas para sua versão enquanto o outro estiver inclinado a não considerar seus argumentos – ou porque ele os ignora ou porque nem os ouve –, então muito provavelmente há algo de errado na situação. Um bom indicativo é a atmosfera da conversa. Uma atitude de recusa do interlocutor vem acompanhada, na maior parte dos casos, por linguagem corporal e gestos desdenhosos, subliminarmente hostis, como no caso de Jonas, que ficou quase o tempo todo sentado de braços cruzados e cara fechada. Normalmente você conseguirá sentir que o outro não está sendo amigo, pelo menos não nessa situação. Além disso, você consegue medir se é o outro ou você quem está errado ao prestar atenção no fato de ele apresentar um contra-argumento concreto que enfraqueça sua argumentação. Se esse não for o caso, se ele se basear apenas em alegações genéricas, não abandone sua posição. E conclua a questão. Você também pode fazer isso simplesmente encerrando a conversa. Nesse caso, precisará mostrar força. Isso é um tanto desagradável, pois buscamos o esclarecimento e não a interrupção do diálogo. Porém, se o outro expressar seu padrão de poder e deixar você na mão, não há outro caminho possível.

Marshall B. Rosenberg, que desenvolveu um estilo de comunicação muito bonito denominado "comunicação não violenta", veria outra possibilidade nesse caso. Acho suas observações fascinantes, mas, em minha opinião, elas têm a desvantagem de que a pessoa precisa ser psicológica ou retoricamente muito talentosa para exercer tal estilo, ou então precisa treinar muito o método. Ainda assim, nunca me ocorreram respostas tão boas quanto as de Rosenberg. Para nós, meros mortais linguísticos ou simples preguiçosos, não resta alternativa senão colocar um ponto final na discussão.

Uma palavrinha sobre perspicácia

Você não precisa se esforçar para encontrar uma resposta espirituosa, mas se concentrar na questão. Isso retira o foco de seus medos e o redireciona para a tarefa a ser cumprida. Em algumas situações, contudo, é um alívio ter uma resposta perspicaz pronta. O problema da insegurança é que ela costuma fazer as pessoas se sentirem impotentes. É por isso que sempre enfatizo que um meio de aliviar esse estado é aprimorar a capacidade de agir. Nesse sentido, certa perspicácia faz a pessoa se sentir capaz de se defender.

Sempre haverá situações nas quais o desaforo de alguém nos deixa sem reação. Não se trata aqui de *você* precisar formular um ponto de vista durante uma conversa ou justificar uma necessidade, mas de momentos nos quais sofre um ataque inesperado. Podemos diferenciar duas situações básicas: o primeiro caso é inofensivo, pois se trata de provocações amigáveis e gentis. O segundo caso, ao contrário, é desagradável e envolve desaforos e agressões reais. Em ambas as circunstâncias, ficamos felizes quando temos uma resposta na ponta da língua. E em ambas as situações, pessoas inseguras se sentem bloqueadas.

O truque da perspicácia é que não é preciso encontrar uma resposta nova e feita sob medida para aquele comentário. Isso seria exigir demais das pessoas, e ninguém consegue cumprir essa exigência, exceto talvez aqueles poucos que têm talento nato para a rapidez de raciocínio. O segredo é dispor de determinado número de *respostas prontas* que possam ser utilizadas de forma flexível e sem muita reflexão em várias situações. O autor Matthias Nölke afirma, em seu ótimo livro *Schlagfertigkeit* (Perspicácia), que é importante dizer qualquer coisa, e não simplesmente se deixar agredir e ficar calado e envergonhado. Em geral, qualquer resposta é melhor que não dizer nada e se sentir impotente. Nölke recomenda frases instantâneas, que nada mais são que respostas prontas para quase qualquer coisa. Você deve memorizar algumas dessas frases instantâneas para recorrer a elas em situações de conflito sem pensar muito. Assim, você pode responder a uma ofensa – seja "de brincadeira" ou séria, como "Você é burro assim mesmo ou está fingindo?" – com uma das respostas a seguir, que também são usadas para quase todas as demais agressões.

- Não entendi.
- Poderia dizer isso ao contrário?
- Olha quem fala.
- Eu aviso quando quiser sua opinião.

Citações também podem ser usadas como frases instantâneas. Uma das declarações da ex-chanceler alemã Angela Merkel, por exemplo, funciona em muitas situações: "O importante é como as coisas terminam." A frase do jogador de futebol Adi Preißler (1921-2003) também deve ser considerada: "Todas as teorias são vagas, o que importa é o que acontece em campo."

Uma estratégia de resposta boa e simples é o exagero. Se lhe perguntarem, por exemplo, "Você é burro?", você pode responder: "Posso ser mais burro ainda" ou "Também sou ruim em fazer contas". O exagero tira o outro do eixo, e o humor desfaz a situação. O interessante na estratégia do exagero é que ela é muito fácil de usar. E, melhor ainda, faz a pessoa parecer muito autoconfiante.

Há também situações em que alguém critica você de forma velada, como: "É fácil falar isso quando você não tem jornada dupla de trabalho." Nesse caso, eu daria uma das minhas respostas favoritas: "Não tenho mesmo, ainda bem!"

Matthias Nölke descreve situações nas quais o silêncio é uma boa resposta. Calar-se pode ser soberano em alguns momentos, como no instante em que o outro se perde em um ataque de ódio. Nesse caso, segundo Nölke, devemos adotar uma postura corporal relaxada e deixar o outro falando sozinho.

"Não" é uma palavra fácil de dizer: lidando com expectativas

Um dos principais problemas de pessoas inseguras é a dificuldade de dizer não. A causa dessa atrofia é a crença profundamente arraigada de que elas precisam cumprir as expectativas dos outros para serem reconhecidas ou, pelo menos, não serem rejeitadas. Essa correlação psicológica se assemelha a uma equação matemática: o medo crônico da rejeição gera a intenção de agradar a todos para, ao fim, serem amadas. Ou seja: não sou bom o suficiente x agrado você = você gosta de mim.

O fator errado nessa equação é a suposição "Não sou bom o suficiente", e é por isso que a equação não está correta. Dar-se conta disso, entretanto, é o maior desafio das pessoas afetadas. A crença em leis naturais ou matemáticas está introjetada em nós. Muitas pessoas com baixa autoestima não conseguem, consequentemente, imaginar que alguém poderia gostar delas *do jeito que são*. Estão convencidas de que precisam ser diferentes de alguma maneira; de preferência, *uma pessoa completamente diferente*.

Muitas delas têm um estilo de vida dupla. Como estão convencidas em sua essência de que não são boas, ocultam seu interior de olhos externos. Vestem um manto de invisibilidade quando saem de casa, afinal, não querem ser excluídas. Procuram sempre causar uma boa impressão na medida do possível. Por essa razão, observam com cuidado o que esperam delas, pois inconscientemente encaram as expectativas dos outros como medida para suas ações. Elas não têm o direito de decepcionar, pois a decepção leva à rejeição. Essa é uma lei natural no planeta Insegurança. O que orienta a ação dos habitantes desse planeta é o medo de ser desmascarado, ou seja, ser visto pelo mundo com todos os seus defeitos. Satisfazer as expectativas alheias é a medida para aplacar esse medo. "Enquanto eu não fizer nada de errado, nada de ruim me acontecerá" é a fórmula da segurança. Então dizem: "Sim!" Ou melhor ainda: "Sim, senhor!" Assim não lhe farão nenhum mal. Pessoas inseguras vivem sob o medo permanente de serem atacadas. E um possível motivo para ataque seria alguém culpá-las caso não satisfaçam suas expectativas.

O planeta Segurança é regido por outras leis. As pessoas que vivem lá tratam a si mesmas e os outros com benevolência. Não pressupõem automaticamente que o outro lhe quer mal. Confiam em seus pares e no fato de que eles podem ser compreensivos quando elas eventualmente precisam negar um pedido. Elas acreditam nisso pois acreditam em si mesmas e acham que não há nada de errado com o fato de serem *exatamente como são*. Aceitam a si mesmas de modo geral. É por isso que não precisam se esforçar tanto para obter a aprovação dos outros. Consequentemente, não se preocupam muito com o julgamento alheio, pois não imaginam que tenham que ser perfeitas para serem queridas. Elas nem ao menos esperam isso de seus pares. É claro que o outro tem o direito de dizer a verdade quando não quiser algo ou algo não lhe agradar.

Já que vivem em uma democracia, ao contrário das pessoas no planeta Insegurança, elas concedem esse direito a si mesmas.

Se você quiser se mudar para o planeta Segurança, precisa começar a se tratar com benevolência. Quanto mais positiva for a visão de si mesmo, mais gentilmente conseguirá notar os outros. No planeta Segurança você tem o direito de se defender e tem os mesmos direitos que seus pares. Só é excluído da sociedade quem comete um crime, e não é crime dizer *não*.

A essa altura já deve estar claro que você precisa mudar sua crença de que um *não* necessariamente desencadeia decepção ou até mesmo raiva no outro. Um *não* de fato não é nada de mais. Isso é o que relatam meus clientes que desenvolvem cada vez mais confiança para expressar seus desejos. Muitos se surpreendem com o fato de um *não* costumar ser recebido de maneira tranquila pelos outros.

A: Você poderia me ajudar com minha mudança no fim de semana?
B: Sinto muito, mas prometi aos meus filhos que faria uma pequena viagem com eles.
A: Tudo bem, claro, eu entendo.

Simples assim. A vida pode ser simples assim.

O que pode lhe ajudar muito em suas reflexões sobre o direito de dizer *não* é a estratégia do argumento, da qual sou grande fã. Pense com que direito a pessoa que pede o favor teria de ficar com raiva ou decepcionado com você. Quais os argumentos favoráveis e quais os contrários? E tenha consciência de que um *sim* que você não deseja dizer pode desgastar sua relação com a pessoa mais que um *não* sincero. É muito frequente, desse modo, que a pessoa que diz sim culpe o outro por isso. Ela, então, ajuda a pessoa com a mudança a contragosto, apesar de desejar fazer um programa com os filhos. Sua raiva não se direciona somente para si mesmo, mas também para a pessoa que pede o favor, que – supostamente – o colocou nessa situação chata. Já descrevi à luz de outros exemplos que quem diz *sim* com frequência, embora deseje dizer *não*, pode acabar acumulando uma raiva reprimida que causa muito mais danos à relação do que a sinceridade.

Como lidar com críticas?

Muitas pessoas com baixa autoestima têm dificuldade de lidar com críticas. Há dois tipos de crítica: as justas e as injustas. A seguir, ajudarei você a lidar melhor com ambas.

Abordemos inicialmente as justas. Na maioria dos casos, a crítica justa está relacionada a um comportamento ou a um erro *concreto* que a pessoa tenha cometido. A crítica injusta, por outro lado, costuma ser bastante genérica e está relacionada a um comportamento superestimado ou interpretado de forma errada pela pessoa que critica. Muitas vezes, isso acontece porque a própria pessoa é muito sensível ou se magoa com facilidade, não porque o alvo da crítica fez algo errado.

Uma crítica justa é concreta. Se não parecer à primeira vista, deve se tornar palpável quando você pedir ao interlocutor que seja mais claro. Se alguém, por exemplo, lhe diz: "Você não é confiável", e você não consegue compreender o significado de tal acusação, peça à pessoa que lhe diga em quais situações concretas você se comportou desse modo. Se a pessoa puder provar sua opinião com base em situações concretas, você saberá que a crítica é justificada. Mas se ela não puder fazê-lo, levantar as mãos defensivamente e disser: "Não me venha com essa de pedir exemplos, não posso anotar cada vez que isso acontece", então a crítica é injustificável pelo mero fato de que a pessoa não foi capaz de fornecer um exemplo de comportamento.

Caso a crítica seja justa, só há um caminho a seguir: assuma seu erro. Peça desculpas! E prometa melhorar. Em hipótese alguma você deve se justificar ou negar tudo. Essa atitude só piora a situação ou sua relação com aquela pessoa, que pode chegar à conclusão de que não vale a pena esclarecer nada com você. Pode ser até mesmo que ela queira romper a relação.

Muitas pessoas inseguras tendem a se sentir ofendidas e culpadas com facilidade. Uma crítica justa pode atingi-las tão profundamente e deixá-las tão inseguras que elas acionam um reflexo de defesa para fins de autoproteção. Trata-se, porém, de uma autoproteção disfuncional, pois essa atitude agrava ainda mais o atrito. O outro, então, passa a criticar o indivíduo não somente pela questão específica, mas por sua falta de compreensão. A negação e a tentativa de justificar-se de uma crítica com fundamento são um gol contra tanto em situações profissionais quanto pessoais.

Para aguentar uma crítica justa, você precisa ter "casca grossa". Mas se seu ponto fraco é o sentimento de culpa, você se sente muito culpado quando comete um erro ou não se comporta corretamente em uma situação. Você exagera a gravidade de seu "crime". Ninguém é perfeito. Você é como um buquê de características e capacidades. Se uma flor cair do buquê, ainda haverá muitas outras intactas nele. O buquê continua igualmente bonito, e não há razão para se envergonhar. Nessas situações, lembre-se de suas qualidades. Não cometa o erro de ver essa crítica justa por uma lente de aumento e focar unicamente nesse erro, esquecendo todas as outras qualidades. Muitas pessoas inseguras cometem o erro de se sentirem rejeitadas por inteiro ao ouvir uma crítica justa. Mas se você comete um deslize não significa de forma alguma que o outro não gosta de você. Também não quer dizer que ele acha que você é um mau colega de trabalho ou um mau amigo. Não significa que o outro quer destruir você. Ele simplesmente quer lhe mostrar determinado comportamento, determinado erro. Somente isso.

Lembre-se de minhas observações sobre a criança interior. Pegue sua criança pela mão e console-a. Diga-lhe que todos têm o direito de cometer erros e que basta se esforçar para melhorar na próxima vez. Você não precisa ser perfeito, só precisa fazer um esforço para ser honesto. Tente também mudar sua visão da crítica. Veja-a menos como algo negativo e mais como um feedback. Uma crítica construtiva sempre traz a chance de evoluir.

Deixe claro para si mesmo que você nunca será 100% aceito e que nenhuma relação é perfeita. Mande embora o lado hipersensível que há em você.

A propósito da hipersensibilidade, somos sensíveis na mesma medida que somos inseguros interiormente. Uma crítica, seja justa ou injusta, só nos afeta de verdade se atingir a dúvida que às vezes cresce dentro de nós. O crítico joga sal em uma ferida já existente. Em todas as áreas nas quais temos uma autoconfiança saudável, uma crítica não nos magoa, ou nos impacta com menos intensidade. Da mesma forma, ela também não nos ofende quando é direcionada a uma área na qual temos pouca ambição e, portanto, também não temos a pretensão de ser excelentes. A medida da ofensa pessoal depende diretamente de como nos vemos. É por isso que pessoas autoconfiantes se ofendem com menos facilidade do que as inseguras. Uma crítica não abala tanto quem tem segurança em si. A pessoa autoconfiante vê uma crítica justa como uma chance de evoluir e, no caso de uma crítica injusta, pensa: "Isso não me afeta em nada, pode falar à vontade." É importante trabalhar as mágoas mais profundas e curá-las para suportar melhor as críticas. Quanto maior for a autoaceitação, mais fácil será suportar uma crítica.

Por fim, não se dar tanta importância pode ser de grande auxílio para lidar com críticas. Dê um passo para trás e reflita sobre quão dramático realmente é o fato de você ter cometido um erro tendo em vista o que acontece no mundo todos os dias. A relativização da própria importância, juntamente com um pouco de humor, pode ter efeitos bastante relaxantes.

Sobre lidar com críticas injustas, pessoalmente, acho essa situação muito mais desagradável, pois às vezes não conseguimos dar fim a um atrito com tanta facilidade. Quando a crítica é justa, cabe a mim resolver a relação com o outro: preciso apenas assumir o erro e me desculpar, o que quase sempre encerra a discussão. No caso de uma crítica injusta, às vezes temos a chance de esclarecer o que aconteceu e às vezes não. O esclarecimento funciona quando o outro está inclinado a ouvir o que a pessoa tem a dizer. Entretanto, quando o interlocutor já condenou a pessoa de antemão em virtude das deturpações de seu ponto de vista, não há chance alguma de chegar a um acordo. Se o outro projeta sua parcela de responsabilidade na situação ou em você, é causa perdida.

Uma crítica é injusta quando culpa você por algo que não fez ou não disse ou quando é, em sua opinião, bastante mesquinha e desprovida de benevolência em relação a você. Pode haver também alguma margem de julgamento em relação a algumas atitudes que você toma. Eu, por exemplo, fui convidada para uma festa na qual me diverti muito. No fim da noite, quando não havia mais muitas pessoas circulando por lá, começou a tocar uma música dançante – o detalhe é que não havia tido dança antes –, só que muito antiga. Como ninguém se animou, sugeri ao anfitrião, um amigo muito próximo, que talvez ele pudesse tentar músicas mais atuais. Funcionou: várias pessoas começaram a dançar, inclusive eu e ele.

Alguns dias depois, meu amigo me acusou de ter me comportado de forma inaceitável. Achei essa crítica dura e injusta. Sob meu ponto de vista, a crítica era muito menos sobre meu comportamento e muito mais sobre a propensão de meu amigo a se sentir ofendido. Em geral, é difícil sair de situações como essa. Falei a ele que eu não havia feito a crítica com má intenção e que a festa havia me agradado muito. Mas ele se ofendeu e ponto final. Não há muito a ser feito em casos como esse. Explicações não ajudam. A única coisa que resta é não vestir a carapuça. Se você for criticado injustamente, porque o outro jogou argumentos pouco confiáveis em cima de você ou porque ele mesmo se magoa com facilidade, tente esclarecer a situação, mas não se justifique demais. Coloque um ponto final em algum momento. Aliás, o clima tenso costuma se dissipar logo. Afinal, o crítico já desabafou, o que o acalma e o faz não guardar rancor (o que provavelmente aconteceria se ele tivesse ficado calado). Se você não ficar muito aborrecido, pode deixar a questão para lá, e a relação não sofre nenhum dano por causa desse incidente.

A culpa é quase inteiramente minha

Descrevi acima como lidar com uma crítica injusta usando como exemplo uma experiência pessoal. O ponto essencial, entretanto, é que pessoas com dúvidas profundas sobre si mesmas não têm, em regra, essa segurança. Sofrem de sentimento de culpa. Não lhes ocorreria a possibilidade de que o outro talvez estivesse sendo um pouco mesquinho e mordaz. Elas automaticamente se "encolhem" quando se sentem criticadas, mesmo que a fala do interlocutor não tenha fundamento algum. Isso afeta, em especial, aquelas que têm a percepção de que os outros são quase sempre superiores a elas. Sentem-se tão inseguras que seu pensamento fica bloqueado assim que se sentem agredidas. A reflexão sobre a possibilidade de o outro talvez estar errado em sua crítica nem ao menos lhes ocorre. Elas ficam reféns da ofensa e perdem a visão geral. No fundo, o crítico tem passe livre com esse tipo de personalidade.

Um cliente meu, por exemplo, ficou chateado porque um de seus amigos sentiu raiva dele. Em sua cidade, é costume que os homens ajudem uns aos outros na construção de casas. Meu cliente, um ótimo trabalhador, já havia ajudado aquele amigo várias vezes. Um dia, entretanto, ele precisou cancelar o encontro, porque já tinha assumido outro compromisso. O amigo se chateou, e essa atitude deixou meu cliente magoado. Ele disse que se sentiu inseguro por talvez ter agido de maneira egoísta. O que ele deixou de fazer de fato foi refletir sobre *que direito* seu amigo tinha de ficar chateado por causa desse cancelamento. Em minha visão, meu cliente é quem deveria estar *com raiva do amigo* por mostrar-se tão ingrato e incompreensivo. Meu cliente, entretanto, é daquelas pessoas que se sentem cronicamente inferiores aos outros e, por isso, nem cogitam a ideia de ver a situação por outro ângulo. Em seu íntimo, ele contava com a rejeição, e sempre lhe pareceu muito estranho pensar sobre a possível falha dos outros porque ele estava muito ocupado pensando sobre as falhas *dele*.

Essa situação mostra novamente como é importante ter um posicionamento bem fundamentado. Só é possível encontrar e consolidar tal posição por meio de argumentos. Quando solicitado a refletir sobre a possibilidade de seu amigo ter razão em ficar com raiva dele, meu cliente pensou sobre isso pela primeira vez. Nesse momento, ficou muito claro que ele não havia se comportado de modo egoísta. Seu amigo, sim, porque sempre esperou que meu cliente estivesse de prontidão para construir sua casa.

Na próxima vez que você for criticado, pare por um instante, deixe a ofensa de lado na medida do possível e peça auxílio à razão. Se você entrar muito profundamente na espiral emocional, pensará somente

"Puxa, fui rejeitado", em vez de dar uma virada e pensar: "Não foi bem assim." É preciso ponderar os próprios argumentos contra as alegações do outro. Você precisa concordar essencialmente com algumas afirmações:

1. Tenho os mesmos direitos básicos que os outros.
2. Tenho o mesmo valor que os outros.
3. Posso reivindicar meus direitos.

Esteja sempre consciente de que os direitos fundamentais também valem para você, mesmo que não tenham sido adotados em sua família de origem. Se os detentores do poder em sua família violaram seus direitos, eles foram injustos com você. Não há nenhum tipo de fundamento para que você, como adulto, permita que o tratem com injustiça.

Como fazer uma crítica?

Receber, e também fazer, uma crítica não é tarefa fácil para pessoas inseguras. Calar-se em virtude de uma obsessão por harmonia pode desgastar muito mais a relação do que ser franco e conversar. Se algo incomoda você de maneira recorrente, ou se seu parceiro, amigo ou colega de trabalho tiver cometido um erro que você gostaria de lhe mostrar, não hesite: seja franco.

Para que a crítica possa ser recebida de modo receptivo, observe o seguinte:

1. Reflita se você tem alguma parcela de responsabilidade na crítica que vai fazer antes mesmo de falar algo. Se você deseja dizer a um amigo que tem a sensação de que ele se interessa muito pouco por seus problemas, pense se em conversas anteriores você deixou claro que queria falar de determinado problema ou se esperava que ele percebesse o problema sozinho e intuísse que você precisava de um ombro amigo.

2. Tente tornar a crítica concreta. Evite palavras como *sempre* e *nunca*. Nomeie pelo menos uma situação concreta como exemplo da crítica. Use argumentos racionais.
3. Tente usar frases iniciadas com "eu". Não diga "Você é egocêntrico", mas "Recentemente, quando eu queria lhe falar sobre meu problema, você voltou a falar sobre si mesmo repetidas vezes. Eu gostaria que você me desse um pouco mais de atenção nessas situações".
4. Adicione uma autocrítica à conversa. A crítica ao outro se torna especialmente aceitável quando você toma esse tipo de atitude. Por exemplo: "Sei que nem sempre sou o ouvinte mais atento, mas recentemente…" Ou: "Sei que meu defeito é minha impaciência, mas o que às vezes me incomoda um pouco em você é…"
5. Insira na crítica características e/ou comportamentos positivos. Por exemplo, inicie com um elogio: "Você é um dos meus melhores amigos, e sei que posso confiar 100% em você. Mas às vezes fico um pouco chateado quando percebo que você não está me ouvindo."
6. Ouça o que o outro tem a dizer sobre sua afirmação. Esteja aberto para as palavras que ele usar.
7. Tente aguentar a raiva do interlocutor, e não simplesmente ceda, se você fizer uma crítica justa de maneira gentil e objetiva e, ainda assim, ele ficar bravo com você. Mantenha sua posição ou, conforme o caso, não se deixe enredar em discussões sem fim se o outro trouxer apenas ofensas e nenhum argumento convincente.

Uma cliente minha queixou-se de que tinha dificuldade de deixar claro para a filha de 18 anos que ela precisava ajudar nas tarefas domésticas. Nessas ocasiões, a filha sempre dava início a uma briga, e esse comportamento era difícil de suportar. Eu pedi que explicasse seus argumentos à filha. Ela poderia até listar alguns deles, o que lhe daria maior segurança. Aconselhei-a a suportar a raiva da filha, e a não ceder simplesmente. E veja o que aconteceu: a filha, que não estava acostumada com o fato de a mãe ser consistente, cedeu por iniciativa própria após ter ficado de mau humor certa tarde. E, assim, a questão do trabalho doméstico foi resolvida.

Muitas pessoas inseguras sentem-se culpadas quando criticam alguém. Assumem muita responsabilidade pela relação. É por isso que não cansarei de repetir: reflita sobre seus pontos de vista com base em argumentos, o que reduz o sentimento de culpa e ainda dá mais segurança. Você não é o único responsável pela harmonia da relação. O outro tem tanta responsabilidade quanto você. Ele, porém, só pode assumir esse posicionamento se você lhe der um feedback de vez em quando sobre o que incomoda você e quais são as suas expectativas. E mais uma vez: em longo prazo, uma conversa sincera leva mais à harmonia do que engolir a raiva e mantê-la crescendo cada vez mais dentro de você.

Elogiar e ser elogiado

Pessoas inseguras costumam ter problemas com críticas negativas, é claro, mas também não se sentem confortáveis diante de comentários positivos. Têm dificuldade tanto de aceitar como de fazer um elogio. Não raro o elogio desencadeia vergonha. Elas não sabem lidar muito bem com isso, pois acham que não merecem. Uma vez que recebem a atenção que desejam, sentem-se constrangidas. Por isso, gostaria de encorajar você a relaxar. Diga simplesmente "obrigado(a)" quando receber um elogio e fique feliz. Simples assim.

Ao mesmo tempo, quero encorajar você a fazer mais elogios aos outros caso você seja daquelas pessoas que têm dificuldade de fazê-los. Pode ser que você ache presunçoso elogiar alguém. Talvez sentimentos de inveja e inferioridade o impeçam de fazê-lo. Tente dar um chacoalhão em si mesmo e supere o bloqueio. Uma palavra gentil ou um elogio sincero tornam a convivência muito mais leve.

Sentimentos de inveja podem ser dissolvidos ou, pelo menos, suavizados com a formulação de um elogio no contexto da questão-alvo. Em vez de ser passivamente invejoso, passe a elogiar ativamente. É reconfortante e tranquilizante. Além disso, o bem costuma retornar a quem o faz. Da mesma forma que podemos nos colocar para baixo reciprocamente, podemos levantar o ânimo uns dos outros.

Linguagem corporal: ande ereto

Depois de abordar as possibilidades de intervenção no conflito em nível linguístico, é preciso dar atenção à linguagem corporal. A insegurança é, em regra, um estado que afeta o corpo todo. Esse estado provoca o medo, que se manifesta por meio de formigamento, suor, taquicardia e/ou tremores. Adicione-se a isso o fato de que pessoas com baixa autoestima se sentem inseguras com seu corpo, o que costuma impactar a postura. O contrário também acontece. Pessoas seguras sentem sua força interna quando entram em um ambiente: caminham eretas e olham nos olhos dos outros. Indivíduos inseguros tendem a projetar os ombros para a frente, quase para se proteger.

O estado emocional no qual nos encontramos influencia o corpo, e vice-versa. Estudos descobriram que a mudança na postura corporal impacta o estado psíquico. Enquanto cursava a faculdade, trabalhei como garçonete. Naquela época, o trabalho me deixava de bom humor, mesmo que estivesse chateada com algo quando começava o expediente. O trabalho de garçonete me obrigava a ser simpática e gentil, a aprender a sorrir. A simpatia e o sorriso tinham um efeito em meu estado interno, e meu humor melhorava.

Quero encorajar você a tornar-se consciente de sua insegurança na esfera física. Dê alguns passos pelo ambiente e sinta em que parte do corpo você consegue perceber que está inseguro. Como é o seu andar? Como estão os seus ombros? Sua cabeça está em qual direção? Quão firme você sente o chão sob os pés? Como seus braços se movimentam? Como está a sua respiração? Caso você não consiga ter essa percepção com esse exercício, pense em uma situação na qual você se sente inseguro, na qual sente medo. Quando você tiver a sensação de como seu corpo expressa a insegurança, exagere esse estado no segundo passo. Se a cabeça estiver levemente abaixada, abaixe-a ainda mais; se os braços estiverem levemente enrijecidos, deixe-os totalmente rígidos e assim por diante. Perceba como o exagero impacta sua existência. No terceiro passo, comporte-se, no plano físico, como se você estivesse se sentindo muito seguro. Imagine ser um ator que está imitando uma pessoa muito autoconfiante. Quais são os sinais físicos de segurança? Uma postura ereta: leve os ombros para trás e projete o peito para a frente, sem exagerar. Mantenha a cabeça erguida. Sorria. Seus braços balançam de leve, relaxados, enquanto você caminha, e seus passos são firmes. E muito importante: respire uniformemente, inspire e expire de maneira profunda. A respiração sempre muda quando nos sentimos inseguros. Ela se torna superficial e se concentra no peito, e então esquecemos de expirar. No estado de medo, tendemos a arquejar. A respiração é um ótimo meio a ser usado conscientemente para nos acalmar; para isso, procure inspirar e expirar pelo abdômen.

Adote uma postura e uma respiração que expressem segurança e, assim, lhe forneçam um pouco de estabilidade. A postura e o ritmo da respiração têm repercussão em seu ânimo, tal como meu sorriso quando eu trabalhava como garçonete. Se você estiver em um ambiente com pessoas desconhecidas e se sentir inseguro, experimente adotar uma postura de autoconfiança e sorrir levemente. Assim você expressará abertura e simpatia e as pessoas se sentirão convidadas a se aproximar. Nada aconselhável é expressar a insegurança por meio de uma postura e uma expressão fechadas, rígidas. Isso causa uma impressão ruim e, como resultado, as pessoas não se aproximarão, como fazem quando você está com uma postura amigável. Caso você seja daqueles que dizem: "Não quero que falem comigo, pois não sei o que dizer", leia a seção "Puxe conversa", na próxima página.

Você também pode treinar a "boa postura" sentado. Em conversas, é importante olhar para o outro quando ele estiver falando, pois desviar o olhar com muita frequência é falta de educação. Quando você estiver falando, pode olhar nos olhos do outro de vez em quando e também direcionar o olhar volta e meia para outro lugar. Isso é normal para quem está falando, pois costumamos interromper automaticamente o contato visual quando estamos focados ou nos lembrando de uma situação para nos concentrar melhor no que estamos dizendo. Em geral, isso é um ato natural e involuntário. Quando acabamos de falar, olhamos para o outro novamente para sinalizar que acabamos o que tínhamos para dizer e estamos "passando a bola" para a frente.

Pessoas inseguras precisam adquirir uma variedade de estratégias de comportamento e posturas que lhes forneçam suporte emocional. O objetivo de todas essas medidas é evitar um estado interno de impotência e ficar à mercê das situações. Lidar de forma consciente com a própria expressão corporal fornece suporte tanto no sentido figurado como no literal.

Atenção, paparazzi!

O exercício a seguir foi pensado por minha amiga, a psicoterapeuta Helena Muser. Ela recomenda a seus clientes que façam o seguinte: imagine, quando sair de casa, que há paparazzi por todos os cantos esperando por você. Você é uma celebridade. É claro que você quer sair bem nas fotos, então se arruma antes de sair de casa. Fica preparado para os fotógrafos a qualquer momento. Caminha ereto e com autoconfiança, com um sorriso.

Helena me contou que vários de seus clientes tiveram experiências muito positivas com esse exercício. Eles acham divertido e passam a ter mais consciência de si mesmos. O efeito é que podemos influenciar o estado emocional por meio da aparência, da postura e dos gestos. Então imagine que os paparazzi estão sempre à espreita!

Puxe conversa

Imagine ter sido convidado para uma festa na qual você conhece poucos ou nenhum dos convidados. Para pessoas inseguras, essa é uma situação aterrorizante. Aqui reaparece a velha dificuldade de se concentrarem demais em si mesmas, e não nos acontecimentos à volta, em virtude da insegurança. A câmera interna está filmando como se comportam e que impressão deixam nos outros. Mas, diferentemente de um filme mudo, as próprias ações, as ações alheias e seus supostos pensamentos são comentados.

Seria mais ou menos assim: você está em pé sozinho. *Que impressão desajeitada e estúpida você está deixando! Sua calça está com um bom caimento ou será que todos estão olhando para seu traseiro gordo? Por favor, não fique vermelho agora. Os outros estão descontraídos, só você está plantado aqui que nem um idiota. Eles provavelmente estão pensando que você é entediante e não se conecta com ninguém. Você deveria ter ficado em casa, não sabe ser confiante na vida em sociedade.* A maior parte da atenção, portanto, é direcionada para si mesmo nesse estado de insegurança. Como resultado desse autofoco, você fica tenso e se bloqueia, confirmando algo que já sabia: você é travado e incapaz de lidar com as pessoas de maneira descontraída. É por isso que pessoas tímidas evitam se encontrar em tais situações.

A solução para esse estado tensional é tirar a atenção de si e direcioná-la para o acontecimento. Para que você consiga fazer isso mais facilmente, saiba que a maioria das pessoas também está concentrada nela mesma, ou seja, a importância que você dá ao seu desempenho só existe dentro da sua cabeça, pois você foca a câmera o tempo todo em si mesmo e, em virtude disso, se coloca inconscientemente no centro da situação. Os outros têm diversas questões e preocupações em mente além de analisar e desvalorizar você. Muitos dos convidados estão preocupados com a impressão que deixam, assim como você. No geral, há muito mais pessoas inseguras que seguras, então parta do princípio de que você está em boa companhia. *Não dê tanta importância a si mesmo!*

Acione a postura positiva, olhe de forma simpática e, acima de tudo, olhe para os outros, e não para si mesmo! E evite depreciar os outros convidados, segundo o lema "São um bando de idiotas mesmo", para se valorizar. Veja a sociedade sob uma luz gentil. Você pode até mesmo fazer uma visualização nesse sentido. Imaginar o ambiente iluminado pela luz do sol, quente e agradável, ajuda a atenuar a *suposta* agressividade das pessoas. Tenha certeza de que inúmeras delas também têm suas dores e suas preocupações. Tente abrir o coração, mesmo que isso soe um tanto brega.

A única coisa que você precisa fazer depois disso é se interessar pelos outros, ou melhor, por aqueles que você conhecerá na festa. *A maioria das pessoas gosta de falar sobre si. Puxar conversa não é nada mais que se interessar pelo outro*. Uma boa abordagem é se apresentar, dando seu nome, e perguntar ao desconhecido qual a relação dele com o anfitrião – se é um amigo íntimo, um colega de trabalho, uma tia ou seja lá o que for. O truque para as pessoas inseguras é fazer perguntas simpáticas para *fazer o outro falar*. E se então você se interessar pelo que a pessoa tem a dizer, uma conversa surge por si só. Aliás, você pode confessar abertamente que se sente um pouco desconfortável em tais situações e que tem dificuldade de puxar conversa. Muitos têm a mesma sensação, e aqueles que se sentem seguros e equilibrados compreendem esse problema justamente porque é algo bastante comum. Pode surgir, então, uma conversa agradável até mesmo a partir dessa confissão pessoal.

Vale lembrar que não há absolutamente nada de errado em procurar um cantinho agradável e querer apenas observar o que está acontecendo. Você não precisa se pressionar para logo iniciar uma conversa. Mostre-se simpático e interessado e mais cedo ou mais tarde alguém com menos inibições para abordar estranhos puxará papo com você. Não fique pensando sobre o que estão achando de você. Em geral, pessoas autoconfiantes têm facilidade de aguardar um pouco e sentar ou ficar em pé sozinhas de início. Enquanto você mantiver a postura positiva, ninguém pensará coisas ruins de você.

Para algumas pessoas, porém, encerrar uma conversa depois de certo tempo é igualmente difícil. Uma boa dica é se afastar afirmando que vai buscar algo para beber ou comer, ou então – o que é muito elegante – dizer ao outro que não deseja monopolizá-lo (ou bombardeá-lo com sua conversa). Isso mostra que você se afastou não por desdém, mas em consideração a ele.

Agir

Assuma a responsabilidade e tome uma atitude

Quem quer fortalecer a autoestima precisa refletir e definir o que pretende alcançar na vida, quais são seus objetivos pessoais, qual o sentido que vê para seguir em frente. Ter um propósito é a melhor forma de superar o medo. Lembra do exemplo da pessoa que pula da ponte para salvar a criança que está se afogando? Ter um objetivo e um propósito mais elevados nos dá força para vencer nossas limitações.

Quem vive na defensiva gira em torno de si. Embora pessoas inseguras sejam prestativas e se esforcem pelo bem-estar de todos ao seu redor, permanece a dúvida sobre qual seria sua motivação ao agir assim. O medo – de ser rejeitado, de cometer erros, de não ser amado – não é um fundamento de valor que forneça uma base segura. É muito mais saudável, emocional e moralmente, transformar o medo em responsabilidade. Assumir responsabilidade por si mesmo é condição essencial para ter responsabilidade pelos outros.

Mas como ser responsável por si mesmo? E o que isso significa? Significa estar no controle de suas ações, isto é, ter a vida em suas mãos e não deixar que ela se desenrole por meio de acontecimentos mais ou menos aleatórios. Ser responsável por si mesmo é ser independente e definir a própria vida, enfrentando o medo em vez de ser refém dele.

No entanto, para ser responsável por minha vida preciso, antes de tudo, saber o que quero. Ter uma autoestima saudável não é um fim em si. Uma boa autoestima pura e simples não deve ser meu objetivo, pois, se vou viver de forma autoconfiante ou insegura, isso interessa apenas a mim. Acredito, porém, que minhas ações no cotidiano dizem respeito também à vida em sociedade, a uma boa convivência. A autoestima, ou seja, a estima individual, é determinada também pela nossa atuação em sociedade, pela nossa interação com os outros. Assim, em termos sociais não há problema em ser inseguro desde que não se viva essa insegurança à custa dos outros.

Se você quer aumentar sua autoestima, deve se perguntar o que defende no seu dia a dia. Quais são seus objetivos, tanto profissionais quanto pessoais? Igualmente importante é saber quais são seus valores.

Pode haver, é claro, conflitos entre as convicções internas e os condicionamentos externos; por exemplo, quando trabalho com algo que não me faz feliz porque preciso ganhar dinheiro. O importante é ter consciência das próprias convicções e objetivos. Em um segundo momento se pode refletir sobre como melhor aplicar tais objetivos na prática.

Entre em contato com seu interior e conscientize-se da direção que deseja seguir pessoal e profissionalmente. Tente conciliar essa busca de objetivos com seus valores internos – sabe-se que dinheiro não traz felicidade, mas que tem um efeito reconfortante. Valores que nos fazem felizes podem ser, entre outros: amizade, tolerância, justiça, coragem, honestidade, compreensão, discernimento, justiça, amor ao próximo, cuidado com o meio ambiente, bom humor, educação, responsabilidade, reflexão interna e sabedoria.

Segundo estudos, ter um propósito pessoal é o que traz a forma mais sustentável de felicidade. Um objetivo tira a atenção de si mesmo e o transfere para a questão e para o outro. É por isso que muitas pessoas são felizes por exercer a paternidade ou maternidade, pois entendem o sentido da vida por meio da responsabilidade e do amor pelos filhos. Pode-se sentir propósito também na profissão, em hobbies e no convívio com outras pessoas. Compaixão é uma palavra importante aqui, ou melhor, um valor importante. Tente assumir responsabilidade esforçando-se do modo mais sincero possível para reconhecer suas qualidades, seus defeitos e suas motivações internas, e considere as pessoas e o ambiente que o cercam. Mesmo se estiver preso em um trabalho que o faça infeliz e que não esteja em consonância com seus valores internos, você pode fazer o melhor com algumas pequenas ações. Pode se esforçar, por exemplo, para ser um colega justo e compreensivo e tentar cumprir suas tarefas com concentração e dedicação. Você pode se engajar também, sendo corajoso, em resolver alguns problemas da sua empresa. E reflita sobre a possibilidade de fazer uma mudança radical em sua carreira, tornando-se consciente do que realmente deseja e garantindo a concretização de seus objetivos – seja por meio de uma nova formação ou uma mudança de emprego, seja por mudanças no seu ambiente de trabalho ou em sua forma de trabalhar.

Gisele é uma fiscal tributária de 56 anos. Está à beira de um burnout, porque não concorda com a legislação atual e precisa seguir regras que vão contra seus valores. Ela não se conforma que os mais desfavorecidos sejam obrigados a gastar até seus últimos centavos em impostos enquanto os "peixes grandes" só precisam ameaçar mudar sua empresa de país para se isentarem de pagamentos. Gisele gostaria de jogar tudo para o alto, mas, em sua idade e com a formação específica que tem, dificilmente encontraria outra oportunidade de trabalho. Por motivos racionais, ela decide aguentar até a idade de se aposentar. Porém, para não ficar doente, traça um plano para tirar o melhor proveito da situação.

Após refletir, Gisele toma as seguintes medidas: estuda mais uma vez a legislação fiscal de forma minuciosa para garantir o melhor resultado para os pequenos e médios empreendedores que se consultam com ela. Não fica mais de boca fechada quando o chefe fala absurdos e procura apresentar argumentos técnicos para contradizê-lo. Além disso, passa a se interessar mais pela vida dos colegas. Assim consegue se libertar um pouco da sensação se impotência e encontrar algum sentido em sua atuação profissional no dia a dia, apesar da injustiça que testemunha. Isso renova suas energias e afasta os sintomas de burnout.

Você pode pensar que é maravilhoso que Gisele consiga tomar essas atitudes mas que não teria a mesma coragem de contrariar seu chefe dessa maneira. É justamente nesse ponto que reside o problema. Gisele também precisou superar sua aversão a conflitos para agir segundo seus princípios. Ela refletiu e chegou à conclusão de que não poderia acontecer nada muito grave com ela em virtude de sua condição de funcionária pública. No pior dos casos, seu chefe poderia hostilizá-la encarregando-a de tarefas extras desagradáveis. Ela achou que preferia correr o risco a viver de modo covarde, e pensar assim lhe deu forças.

É claro que há situações nas quais podemos sofrer consequências graves se confrontarmos nossos superiores hierárquicos. E, dependendo da personalidade do superior, podemos chegar à conclusão de que contestar não leva a nada. Muitas vezes, porém, nos preocupamos de mais e raciocinamos de menos, permitindo que a reflexão nos leve a um estado de ansiedade generalizada. Na hora de refletir sobre como defender suas opiniões, pergunte-se o que realmente tem a perder, o que aconteceria no pior dos casos. Na maioria das vezes, as consequências não envolverão nem o emprego nem a vida.

Decida-se

Pessoas com autoestima fragilizada têm dificuldade de descobrir o que querem para, em seguida, tomar uma decisão. Isso está intimamente conectado com a preocupação de satisfazer as expectativas alheias em vez de considerar (também) os próprios sentimentos e desejos. Para muitos, portanto, é importante desenvolver mais contato com seus processos emocionais para saber o que querem.

Uma maneira de treinar isso é fazendo pausas frequentes ao longo do dia e se perguntar: *Como estou agora, como me sinto?* Também é possível praticar uma reflexão direta e objetiva: *O que desejo? Será que hoje quero tomar o café na caneca azul ou na vermelha? Quero pão com queijo ou não estou com vontade de tomar café da manhã?* A ideia é direcionar a atenção para as sensações, processo que muitas pessoas, especialmente as inseguras, reprimem de forma automática e inconsciente. O problema é que se tenho um contato frágil com meus sentimentos, tenho dificuldade de tomar decisões, pois, em última instância, é a emoção – e não a razão – que nos comunica o que desejamos verdadeiramente. Quem tem um contato precário com as emoções vive como um navio sem bússola. As emoções nos indicam a direção na qual queremos ir. As reflexões racionais se apoiam em sentimentos na fase final, quando uma sensação interna nos sinaliza se chegamos a conclusões positivas e corretas. Tente descobrir, sempre que possível, o que está sentindo investigando sua atenção interior.

O medo de seguir na direção errada é outro fator que leva pessoas inseguras a ter dificuldade de definir metas e tomar decisões. Elas precisam de praticamente 100% de certeza para decidir se vão por aqui ou por ali. Essa necessidade de garantia de sucesso é um tanto parecida com o perfeccionismo: não pode haver margem de erro. Repare, porém, que esse medo parte de um falso pressuposto. No momento em que me decido *por* algo, também me decido *contra* algo. Uma decisão "equivocada" também pode me levar adiante na vida, pois sempre traz lições valiosas. Além disso, a maioria das decisões pode ser revertida. Basta pensar: *Isso foi um erro. Agora, preciso tomar uma nova decisão.* Se não for possível (no caso de ter escolhido mal o destino de férias, por exemplo), faça o melhor possível naquelas circunstâncias. Na maioria das vezes, nada de tão ruim pode acontecer. Quando há muito medo envolvido, é importante recorrer à pergunta *O que pode acontecer no pior dos casos?*. É muito comum que as pessoas não reflitam sobre essa questão até o fim, ficando, portanto, presas no pântano de seus temores.

**Se não me movo, não corro o risco de me perder,
mas também não chego ao meu destino.**

Nesse contexto, trato da escolha profissional, pois percebo que uma das escolhas mais difíceis da vida é decidir qual carreira seguir. Se você não tem uma vocação clara (coisa que poucas pessoas têm, aliás), comece identificando quais áreas concentram o máximo de suas aptidões e interesses – as coisas que você gosta de fazer e aquelas que faz bem. Escolha uma dessas áreas. Dificilmente será um grande equívoco. Nunca haverá aquela profissão específica perfeita para você – isso não existe para ninguém que não sinta uma vocação nítida –, mas você pode se desenvolver e ficar satisfeito em qualquer profissão caso se disponha a isso. Só depende de empenho e disciplina. Todas as formações e atividades profissionais têm seus momentos entediantes e difíceis – lembre-se disso e siga em frente. A satisfação pessoal advém da resistência, que, com o tempo, leva à maestria, à excelência no campo escolhido.

Estabeleça metas realistas

A comparação é um mal que nos atormenta. Pessoas inseguras, sobretudo, estão sempre se comparando com quem elas julgam melhor, mais bem-sucedido, mais bonito e por aí vai. Comparar-se com quem está sempre colocado em um lugar de destaque não leva a lugar algum. Um iniciante na academia, por exemplo, pode acabar desistindo antes mesmo de começar, se pensar assim e se julgar ridículo ao olhar os outros que já treinam há bastante tempo.

Nathaniel Branden traz um exemplo engraçado sobre "comparação social" em seu livro *Die 6 Säulen des Selbstwertgefühls*. Ele conta que estava observando seu cachorro dar saltos no ar sem motivo aparente e o admirou por aquela expressão de alegria. Em seguida ficou pensando que jamais passaria pela cabeça do cachorro se gabar: *Faço isso bem melhor que todos os outros cachorros da vizinhança!*

Não faz sentido eu lhe sugerir que não se compare com os outros, pois é impossível deixar de fazê-lo por completo. A comparação nos fornece, afinal, uma orientação importante sobre nossa posição e ocorre automaticamente a qualquer um que viva em sociedade. Não tem como não se comparar. O que dá para fazer é ter como objetivo se comparar menos e de forma mais razoável. Comparações descabidas são aquelas em que nosso referencial são pessoas que estão muito mais avançadas que nós em certas habilidades ou características. Se estou começando a aprender a esquiar, por exemplo, não faz sentido me comparar com as feras das pistas, que treinam desde criança. Comparações descabidas podem nos fazer desanimar, como se nunca fôssemos chegar perto disso.

Comparações descabidas também podem levar à paralisia. Por isso, é importante estabelecer metas realistas que considerem suas capacidades. O maior risco dos perfeccionistas é se frustrar com exigências exorbitantes. No outro extremo, muitos se boicotam ao não confiar nas próprias habilidades. Seus objetivos são irrealistas no sentido contrário: ficam aquém de seu potencial, pois o avaliam como ínfimo.

Reconheça seus pontos fortes e aceite seus limites. Estabeleça metas que sejam alcançáveis e avance dia após dia. Pense em etapas, dê um passo após o outro. O importante é começar. Uma estudante me disse certa vez: "Antigamente, eu tinha como meta estudar 10 horas por dia e só me frustrava, pois não conseguia estudar durante tanto tempo. Hoje, meu objetivo são seis horas por dia. É uma meta realista, e me sinto orgulhosa quando dou por encerrado o dia de estudo. Alguns colegas conseguem cumprir 10 horas diárias, mas eu não sou assim. Sempre me sentia mal porque me comparava com eles, mas agora penso: estudo da maneira que é adequada para mim. E me sinto bem melhor!"

Pessoas inseguras têm dificuldade de avaliar suas habilidades de forma realista. Por isso, aconselho que falem abertamente sobre o assunto e busquem orientação com amigos, colegas ou especialistas. O objetivo é evoluir de acordo com sua capacidade.

Disciplina e alegria em realizar tarefas

Disciplina e estrutura são essenciais para fortalecer a autoestima e alcançar maior satisfação pessoal. Muitas pessoas inseguras têm dificuldade em perseverar e manter a disciplina. Isso se deve ao fato de terem fortes dúvidas quanto a suas ações – costumam se questionar se estão agindo da maneira correta – e a certa inércia. (Outros, pelo contrário, são disciplinados ao extremo e praticamente não conseguem relaxar.)

Quem deseja uma vida plena não tem como escapar da disciplina, pois sem isso não há como desenvolver as próprias habilidades. Sem isso não se pode ter o prazer de se orgulhar do próprio desempenho e das próprias capacidades.

Quando falo em desempenho, não me restrinjo à perspectiva do sucesso profissional e financeiro, mas, acima de tudo, à *realização pessoal*. Conhecimento e compreensão trazem felicidade, assim como se aperfeiçoar cada vez mais em determinada atividade.

A dedicação a um tema ou a um trabalho, acompanhada de uma dedicação e compreensão cada vez maiores da matéria, pode nos levar a um estado de felicidade. Nesse contexto, foram estudados os chamados estados de fluxo (*flow*). No fluxo, a pessoa se encontra em uma unidade harmônica com ela mesma e com o que está fazendo. Quando estamos concentrados em uma tarefa que não exige de mais nem de menos, esquecemos de nós mesmos, pois quando estamos em fluxo, nos tornamos exatamente aquilo que fazemos. Estamos no aqui e agora.

É importante mencionar essa questão no contexto da autoestima, pois esses momentos de entrega podem nos fazer transcender a nós mesmos e nos colocar em sintonia. Um aspecto importante é o fato de que, nesse caso, temos controle sobre aquilo a que estamos nos dedicando. Isso é o contrário da impotência e de estar à mercê das coisas, estados vividos com frequência por pessoas inseguras. Aconselho a todos, portanto, que desenvolvam interesses em qualquer esfera, seja intelectual, artístico, artesanal, esportivo, etc.

Lidar com temas e coisas que estão fora de nós mas das quais podemos nos "apropriar emocionalmente" ao penetrarmos em camadas cada vez mais profundas do saber e da compreensão produz tesouros internos que elevam a autoestima.

Só podemos, entretanto, entrar em contato com essas áreas se tivermos certa dose de disciplina, pois toda aquisição de conhecimento e competência tem seus obstáculos. A alternativa à disciplina seria a paixão. Conheço, porém, pouquíssimas pessoas que se desenvolvem com base apenas na paixão e podem renunciar à disciplina. A maioria (incluindo eu) alterna a alegria de criar e a preguiça. Além da preguiça, duvidar de si mesmo pode levar à paralisia. Se a preguiça ou a insegurança não forem superadas pela disciplina, pode haver interrupções e lacunas na educação, no trabalho e em hobbies, o que, no longo prazo, traz infelicidade e insatisfação. Nada é concluído, quase nada é aprofundado. A pessoa percebe que não dispõe, em nenhuma área, de habilidades que a realizem e lhe proporcionem alegria.

Se você for desse tipo que não conclui os cursos, incluindo hobbies, encare de forma realista a área dentro de você que o levou a uma interrupção atrás da outra. Nunca é tarde demais. O arrependimento é uma emoção útil, pois impele à mudança. Você pode continuar agindo como agiu até agora ou tomar uma decisão diferente. Está em suas mãos. Pense sobre como será sua vida daqui a 10, 20, 30 anos: como você se sentirá se continuar seguindo esse mesmo caminho? É importante analisar as causas da série de interrupções. Reflita e tente identificar de que modo você pode ter contribuído para os acontecimentos. Tome cuidado para não depositar todas as suas frustrações nas circunstâncias externas, mesmo que elas tenham contribuído parcialmente para a sua situação atual. Busque as margens de manobra que você ainda não usou. É importante entender que é você quem decide parte das suas ações.

A ajudante indispensável da disciplina é a estrutura. A grande maioria das pessoas funciona melhor quando se obriga a seguir uma rotina estruturada, que inclui hobbies e projetos pessoais. Quando escrevo um livro, por exemplo, anoto meus horários de trabalho na agenda. Tendo em vista que consigo pensar e escrever melhor pela manhã, asseguro que entre nove e onze horas eu esteja sentada escrevendo – independentemente de minha vontade para fazer tal coisa. Geralmente (mas nem sempre), a vontade acaba surgindo depois que começo, mas é muito raro que aconteça antes. Não escrevo por paixão, pois é um grande esforço para mim. Escrevo porque tenho o desejo de comunicar algo e sei que posso ajudar as pessoas com minhas palavras. E os livros são um aspecto importante em minha vida profissional. Quando consigo concluir um livro, após muito persistir, fico feliz e orgulhosa de mim. A alegria dura mais que o tempo que levei para escrevê-lo, o que já faz a empreitada valer a pena. Essa alegria é duradoura; a preguiça, não.

Aconselho às pessoas com dificuldade de estrutura que utilizem agendas e listas de afazeres, bem como planejamentos diários e semanais. Quanto mais regularmente fazemos algo, mais satisfação sentimos ao fazê-lo. Esperar pelo impulso ou pela grande inspiração é desgastante e pouco promissor. A maioria das pessoas que têm trabalhos criativos precisa de disciplina, pois sabem que as ideias surgem durante a ação, e não durante o ócio.

Sempre digo a meus clientes com dificuldade de estrutura que a "energia de empurrar com a barriga" é muito mais custosa que a "energia de resolver logo a tarefa". Afinal, podemos passar dias e dias adiando algo, enquanto resolver uma tarefa demanda, em regra, muito menos tempo. A procrastinação tem a enorme desvantagem de gerar o sentimento de culpa, além de consumir muito mais energia vital.

Recomendo a meus clientes o seguinte truque: imagine como você se sente à noite quando passou o dia todo enrolando para fazer algo importante. Compare essa sensação com o sentimento positivo de ter cumprido a tarefa. Foi essa ideia que sempre me motivou a estudar durante o dia em minha época de colégio e faculdade, para ter as noites livres – e a consciência leve – e evitar as terríveis madrugadas em claro.

Senso de dever exagerado

No outro extremo de pessoas inseguras com pouca disciplina e estrutura estão aquelas que são exageradamente ambiciosas e meticulosas por medo de perder o controle. Em geral, trata-se de uma tentativa de banir o sentimento de inferioridade por meio do perfeccionismo. Pessoas desse tipo trabalham ou estudam até o esgotamento e não conseguem relaxar.

O excesso de controle é tão danoso quanto a falta de disciplina.

A dificuldade dos viciados em controle é se soltar – que é o movimento contrário de ter algo sob controle. Pelo que percebo em minha experiência, aprender a se soltar é um desafio maior que enfrentar algo. É mais difícil *deixar de fazer* algo do que *fazer* algo, pois o fazer é mais concreto e controlável que o não fazer. Se decido, por exemplo, brincar meia hora todos os dias com meus filhos, essa atitude é mais concreta e mais fácil de implementar, por ser algo pontual, do que deixar de fazer algo que faço com frequência, o que exige um esforço prolongado.

Para pessoas que têm medo de cometer erros e perder o controle, o movimento constante é uma boa estratégia para administrar seus medos. Reprimir o impulso de agir desencadeia medo, pois essas pessoas precisam se abster de fazer aquilo que (aparentemente) contém o receio. Vale observar também que os medos subjacentes são, em geral, mais intensos nos momentos de calmaria do que na agitação. Para as pessoas afetadas por essa dinâmica, o agir é uma forma de se distrair de si mesmas. Além disso, costumam ter dificuldade de identificar quais atividades são de fato necessárias e quais não são. Este é um dos problemas típicos de viciados em trabalho: a dificuldade de estabelecer prioridades. É uma dinâmica semelhante à das dietas, pois não podemos deixar de comer por completo e precisamos achar o equilíbrio entre o muito e o pouco. Do mesmo modo, uma pessoa que tende a trabalhar demais não pode largar o emprego ou deixar de cumprir suas obrigações. Como saber qual é a medida certa?

Para começar, reflita sobre o que motiva você. O que está por trás da sua necessidade crônica de se manter ocupado? Trata-se de uma necessidade concreta? Reduzir sua carga de trabalho poderia de fato colocar em risco seu emprego ou sua empresa? Se for o caso, considere a possibilidade de estruturar seu trabalho ou sua empresa de forma diferente. Avalie também se o emprego ou o dinheiro obtido valem todo esse estresse e se seria possível viver com uma renda menor ou encontrar outro trabalho.

Caso você tenha um emprego fixo e sinta que trabalha em excesso em virtude da pressão da concorrência entre os colegas ou da impressão de que seu chefe espera tal desempenho de você, considere a possibilidade de que o medo do fracasso esteja fazendo você perceber as ameaças como maiores do que realmente são. Converse sobre isso, de preferência com amigos, para obter a avaliação mais realista possível de sua situação. Uma maneira de submeter sua percepção a uma verificação de realidade é, caso haja abertura para isto, abordar a questão de forma direta com seu chefe.

Outra motivação para seu entusiasmo exagerado pode ser o medo de perder o controle de si mesmo e da sua vida. Nesse caso, pergunte-se em que medida isso tudo que você faz contribui para aumentar sua autoestima e levar uma vida plena.

Talvez o que está por trás de uma ocupação constante seja o medo latente de surgirem sentimentos de tédio e vazio caso você não se comporte assim. Pode ser também uma maneira de reprimir problemas sobre os quais você não quer refletir. No caso do tédio, pense sobre a possibilidade de manter um hobby ou uma atividade útil para ajudar a equilibrar a agitação inconsciente.

Caso você perceba que se comporta dessa maneira para reprimir problemas, tenha consciência de que não conseguirá manter esse nível de atividade por muito tempo. Assim como a procrastinação, a repressão demanda mais energia do que o enfrentamento. Não é raro que esses casos envolvam alguma perda no passado. Trabalhei com muitos clientes que lamentavam amargamente a morte de alguém ocorrida muitos anos antes. Eles próprios manifestavam espanto com sua profunda tristeza, mas se ocupar com outros assuntos impossibilitava que parassem para expressar o que sentiam. Evitaram as lágrimas, mas agora elas os alcançaram. Outras preocupações, como problemas conjugais, são comumente reprimidas por meio de estresse autoimposto.

Na realidade, um pouco de repressão por meio do trabalho é normal e pode ser uma estratégia saudável para se manter na linha ou sentir alegria após uma perda trágica. O problema é quando a pessoa não consegue mais se desligar e quando a evitação demanda mais energia do que parar por um momento e lidar com a questão. A desvantagem da repressão é que os problemas não são resolvidos dessa forma. Na verdade, em geral eles se multiplicam e em algum momento se tornam tão grandes que mesmo o repressor mais treinado não consegue mais fechar os olhos para eles. Com frequência a pessoa acaba se arrependendo de não ter enfrentado a questão muito antes. Não é só na medicina que o "diagnóstico precoce" é importante.

Caso você trabalhe demais por um medo permanente de cometer erros, pense sobre quão realista isso é e o que poderia acontecer na pior das hipóteses. Você não sobreviveria ao pior dos cenários? Seria de grande auxílio encarar a seguinte pergunta: você precisa mesmo jamais cometer erros ou ser o melhor? A vida pode ser muito mais tranquila. Tente estabelecer uma relação adequada entre o valor de suas ações e seu valor como pessoa.

Se você acha que não está nem ao menos na média, analise suas capacidades do modo mais realista possível ao ouvir a opinião dos outros. Muitas vezes essa atitude pessimista é apenas uma maneira de prevenir decepções. Esse comportamento cumpre esse objetivo, mas impede, em geral, uma realização mais corajosa das tarefas e dos desafios mais grandiosos. Desvalorizar-se constantemente e reprimir todo e qualquer princípio de orgulho das próprias habilidades gasta muita energia psíquica. Mantenha-se consciente de sua programação interna: lembre-se de que sua baixa autoestima acredita em seus supostos déficits pessoais.

Vale para todos: as capacidades devem ser analisadas à luz delas mesmas, e não com base na perfeição.

Pessoas inseguras podem ser muito bem-sucedidas profissionalmente. O problema é que não conseguem apreciar o sucesso, porque precisam provar a si mesmas o tempo todo que são necessárias, que podem realizar essa ou aquela tarefa melhor que os outros ou que as coisas não funcionam sem a interferência delas. Como consequência, podem trabalhar em excesso até atingir o esgotamento. E têm a sensação de que só têm valor quando trabalham. A dimensão correta do trabalho, entretanto, é que ele seja uma parte importante da vida – a maioria das pessoas gosta de se dedicar a algo –, mas a vida deve incluir também bem-estar, tempo para hobbies, para a família e outros interesses. Todos que têm dificuldade de encontrar a real dimensão do trabalho no dia a dia devem se fazer a seguinte pergunta: quem sou eu quando trabalho?

Faça atividade física: dicas para preguiçosos

Uma confissão pessoal: exceto na infância e na adolescência, nunca fui de fazer exercícios. Desde o início da vida adulta sempre fui muito preguiçosa, apesar de gostar de sair para dançar, se é que isso pode ser considerado atividade física. Então, aos 39 anos, precisei operar uma hérnia de disco. A partir desse momento, me forcei a fazer treino de força com regularidade, porque não tinha a menor intenção de virar paciente cativa de ortopedistas e cirurgiões. Entretanto, durante alguns anos, só fiz exercícios com base em disciplina e argumentos racionais, e mesmo assim, uma a três vezes por semana. Não havia diversão nessa equação. O constante lembrete da mídia sobre a importância de realizar alguma atividade e o foco no exercício diário como melhor estratégia para a saúde me irritavam. Ainda assim, passei a me exercitar todas as manhãs, associando exercícios de força a alongamento.

Eu sofria com a batalha interna diária para me exercitar. E veja bem: percebi que era muito mais fácil fazer exercícios todos os dias do que somente uma a três vezes por semana, pela simples razão de que era uma rotina que não demandava uma tomada de decisão. O aumento da satisfação, porém, está intimamente relacionado com as vantagens que a atividade física diária traz: um corpo mais torneado, mais força, mais energia e consciência limpa. A sensação de condicionamento físico, o corpo mais esguio e a mente em paz têm um efeito positivo na autoestima. Com músculos treinados, a pessoa se sente forte, literalmente. É por isso que recomendo aos preguiçosos de plantão que tentem se exercitar.

Ainda que eu me sentisse um pouco ridícula às vezes, nunca me importei muito com isso. O que falava mais alto era sentir os efeitos positivos no corpo e, sobretudo, na autoestima. Gosto de fazer *jump* em casa, em um equipamento individual, o que aliás é ideal para preguiçosos e para quem não tem vontade nem tempo de frequentar uma academia ou que não tem paciência para enfrentar a chuva ou o calorão e sair de casa em climas não amenos. A cama elástica é prática pois podemos ver televisão ou ouvir música enquanto nos exercitamos. Também é barata e fácil de guardar, ao contrário de ter uma esteira ou uma bicicleta ergométrica no meio da sala. Pular na cama elástica é muito saudável, pois não sobrecarrega as articulações, sendo, portanto, adequado inclusive a pessoas mais velhas e acima do peso. A partir desse treino, há maior fortalecimento dos músculos e ainda estímulo do sistema linfático. Até mesmo minha mãe, completamente avessa a exercícios, começou a fazer *jump* aos 82 anos (há equipamentos com barra de apoio). Ela se sente muito bem fazendo esse tipo de exercício – nunca é tarde para começar.

É importante dizer que qualquer atividade física, em especial o *jump*, faz o ânimo se estabilizar, pois os movimentos de salto estão diretamente relacionados à alegria e ao bom humor no cérebro. Pular tem efeito antidepressivo.

Se você experimentar a cama elástica e alcançar mais disposição no dia a dia, poderá pensar em ampliar o treino incluindo alguns exercícios de força e alongamento, que podem ser facilmente realizados sem equipamentos. Se preferir, pode comprar halteres e caneleiras para diminuir o número de repetições dos exercícios e, com isso, reduzir o tempo gasto nisso.

Muitas pessoas que não se identificam com nenhuma atividade física podem se divertir e melhorar o equilíbrio, estabilizar os sistemas respiratório e cardíaco e ainda manter o estresse sob controle com a ioga. Caso você não tenha tempo ou disponibilidade de ir a um estúdio, pode começar com um bom livro ou com aulas on-line.

Essas são dicas específicas para quem tem preguiça. Quem está livre desse estado de indolência já sabe como se exercitar. O exercício e o consequente ganho de força muscular e condicionamento físico têm ótimos efeitos sobre a autoestima.

Sentir

Muitas pessoas inseguras têm dificuldade de lidar com os sentimentos, que tanto podem ser muito intensos, e portanto debilitantes, como muito fracos, dependendo da situação. Quem sofre de insegurança costuma ter um contato precário com as próprias emoções. Pode se sentir muito impulsivo, ansioso, depressivo ou simplesmente vazio e desprovido de emoções em algumas ocasiões. Ou reprime profundamente certas sensações ou se sente dominado por elas. É importante, contudo, prestar atenção nos sentimentos. Sempre recomendo a meus clientes que parem por um momento no dia a dia e se perguntem: *Como estou me sentindo neste momento?*

Só conseguimos lidar de forma adequada com os sentimentos se admitirmos a nós mesmos que eles existem. Se, por exemplo, me proíbo (inconscientemente) de sentir raiva, não aceito ter esse tipo de sentimento em algumas situações e então o reprimo. Isso não quer dizer que a raiva é banida do corpo, mas que ela passa sorrateira pela consciência e explode em outro lugar. A raiva reprimida pode, por exemplo, encontrar vazão em doenças psicossomáticas, depressão, explosões de raiva ou agressões passivas. A partir daí, não está mais sob controle. Se desejo lidar de forma mais saudável com meus próprios sentimentos, é necessário admiti-los para mim mesmo para poder refletir e, depois, entender o porquê de me sentir desse modo. É importante, portanto, reconhecer as conexões entre sentimentos, pensamentos e circunstâncias externas. A seguir, abordarei sentimentos específicos e relações entre sentir, pensar e agir.

Medo

Esse tipo de sentimento, em suas distintas versões – como nervosismo, tensão ou angústia –, é a bússola de ação para pessoas inseguras. Por isso, a superação do medo em situações diversas é o fio condutor deste livro. Agora, abordarei essa emoção de forma específica, porém evitarei entrar em detalhes a respeito de medos clinicamente relevantes, tais como ataques de pânico ou transtornos de ansiedade generalizados, pois excederiam a dimensão deste livro. Ainda assim, pessoas que sofrem de medo diagnosticado clinicamente poderão se beneficiar das observações a seguir.

O medo é um sentimento que sempre se orienta para o futuro. Só podemos ter medo de algo que *ainda não aconteceu*, e não de algo que já passou. Depois que a situação que gerou medo teve fim, sentimos dor, vergonha ou mesmo alívio e orgulho. O sentimento de medo tem a função biológica de nos alertar para situações de perigo e de fazer com que sejamos cautelosos. O medo, portanto, é fundamentalmente um sentimento útil. Ocorre que algumas pessoas, em especial aquelas com baixa autoestima, também sentem medo em situações que não são ameaças objetivas. Trata-se de situações nas quais poderíamos sofrer um dano em nossa autoestima, nosso eu ou nosso ego. Medos que surgem em relação à autoestima sempre correspondem a uma humilhação ameaçadora ou a um fracasso antecipado que pode ser sentido na forma de rejeição pessoal.

Como acontece com todos os sentimentos, o fator determinante para o medo é o posicionamento interno que temos frente a determinada situação. Um evento não desencadeia medo automaticamente. Primeiro surgem pensamentos relativos ao evento, que só então desencadeiam o medo (ou raiva, alegria, tristeza, etc.). Porém nem sempre temos consciência desses pensamentos precedentes, de forma que costumamos pensar que a situação em si desencadeou o medo.

Quando Juliane, por exemplo, imagina ter que falar em público diante de uma grande audiência, seu coração começa a acelerar, suas mãos ficam úmidas. Aparentemente, essa reação física acontece de forma automática. Ela acha que está com medo da palestra e dos muitos espectadores que a ouvirão, mas isso não procede. Na verdade, ela causa medo em si mesma por causa do que sente. Quando se imagina no palco, passa por sua cabeça: *Não vou conseguir, vou ficar vermelha e começar a gaguejar, perderei o fio da meada e passarei a maior vergonha*. São esses pensamentos que estressam Juliane e qualquer pessoa, e não o acontecimento em si. Caso fosse o acontecimento, todos teriam medo de falar em público, o que definitivamente não acontece. Há pessoas que falam de forma serena, e até mesmo com alegria, para plateias imensas. Os cenários internos de Juliane fazem-na ficar com tanto medo e de forma tão avassaladora que ela recusa uma oferta de trabalho do chefe e perde a oportunidade de avançar na carreira.

Paulo não vê problema algum na ideia de fazer uma palestra e aceita a tarefa de imediato. Paulo desenvolveu uma autoimagem bastante masculina, na qual há pouco espaço para medo. Ele acredita que vai se sair muito bem na palestra. Faz somente algumas anotações, pois deseja falar livremente. Acha que isso mostra autoconfiança. Ele tem bons conhecimentos em sua área de especialidade e acredita que é suficiente anotar algumas palavras-chaves. Entretanto, quando pisa no palco e os holofotes o iluminam, ele subitamente fica de pernas bambas e seu coração acelera. De repente, cenários de terror passam por sua mente: sua voz pode falhar, ele pode ter um branco total, seu chefe pode achá-lo um fraco e assim por diante. Ele deseja sair correndo dali, mas resiste a esse impulso e faz a palestra aos trancos e barrancos. Paulo teria evitado essa pane se tivesse admitido para si que, para ele, falar em público não é tão tranquilo quanto gostaria. Assim ele teria se preparado melhor.

Juliane não teve consciência de que se torturou com seus pensamentos de fracasso e humilhação, enquanto Paulo, com sua autoimagem distorcida, bloqueou medos e pensamentos de tal maneira que não os percebeu a tempo. Na situação extrema vivida, entretanto, eles irromperam com força excepcional.

Aprender a lidar com os medos significa aceitá-los. E aceitá-los significa entender que são parte de si. Quanto mais intensamente uma pessoa despreza e amaldiçoa seus medos, mais barulhentos eles se tornam, pois essa atitude hostil alimenta esse tipo de emoção. A pessoa sofre duplamente: primeiro com o medo fundamental (por exemplo, de dar uma palestra) e, segundo, com o comportamento em relação a si mesmo (a vergonha de ter medo). Por mais paradoxal que soe, é importante desenvolver uma relação tranquila com nossos medos. É de grande auxílio aceitá-los, olhá-los de frente e praticamente convidá-los para nos acompanhar. Esse tratamento bondoso e amistoso faz com que lidemos de forma bondosa e amistosa com nós mesmos. E essa autoaceitação é justamente a condição mais favorável para mitigar os medos.

Para além dessa aceitação fundamental, tanto Juliane quanto Paulo poderiam ter tomado medidas específicas caso tivessem tido consciência do seguinte: 1) *Existe a situação X neste caso, que é dar uma palestra;* 2) *Como me sinto diante dessa ideia?* e 3) *Por que me sinto assim, ou quais são os pensamentos que geram esse sentimento?* Trata-se, portanto, de identificar os pensamentos que me dão medo. Se eu os identifico conscientemente, posso neutralizá-los de modo intencional. Juliane poderia encarar seus pensamentos da seguinte forma:

1. *Vou ficar vermelha e começar a gaguejar.* É fato que corar é uma reação involuntária que não se pode controlar. Mas é realmente tão ruim assim ficar vermelho durante uma palestra? A maioria das pessoas entende o medo de falar em público e provavelmente achará bastante compreensível ou, pelo menos, não verá nada de grave nisso. Juliane poderia, desse modo, ter aceitado a possibilidade de corar se repetisse a seguinte frase: *Tudo bem se eu ficar vermelha, contanto que isso não afete a qualidade da minha fala. Aceito meu nervosismo.* A gagueira seria uma questão de técnica de respiração. Quando estamos nervosos, tendemos a esquecer de expirar. Isso faz com que comecemos a arquejar, o que pode levar à gagueira. Juliane poderia ter treinado como inspirar e expirar regularmente quando ficasse nervosa. Além disso, poderia contrariar seu medo de falar em público ensaiando em casa e apresentando-se pelo menos uma vez para amigos ou familiares. Isso a deixaria mais calma durante a apresentação.
2. *Vou perder o fio da meada!* Nesse caso, um pouco de reflexão faria Juliane reconhecer que boas anotações costumam ser bem eficientes para evitar esse problema. Caso a pessoa esteja muito bem preparada, pode ligar o piloto automático em caso de nervosismo extremo. Isso significa que a pessoa conhece tão bem a sequência de ideias a expor

que consegue continuar falando apesar do turbilhão interno de pensamentos – da mesma forma que conseguimos finalizar uma tarefa de rotina mesmo distraídos.
3. *Não vou conseguir!* ou *Vou passar a maior vergonha!* são ideias que teriam sido bastante enfraquecidas por meio da desconstrução dos pensamentos 1 e 2.

O medo está sempre ligado a um sentimento de impotência. É por isso que acreditamos que não poderemos nos esquivar do medo e seus sintomas, como ter tremores, suar, corar e, consequentemente, fracassar. A pessoa se sente entregue ao medo. Isso tem a ver com o fato de que o cérebro só conhece métodos da Idade da Pedra para reagir a esse sentimento: fugir, lutar ou se fingir de morto. Tendo em vista que na vida civilizada não é possível recorrer a nenhuma das três opções sem perder a moral, precisamos encontrar outras estratégias para lidar com a impotência sentida em situações assustadoras. Identifique do que exatamente você tem medo e como pode neutralizar os pensamentos assustadores e as imagens internas que surgem nessas situações.

Você pode recorrer a medidas específicas para cada contexto e a atitudes que se aplicam a várias situações. Pode prestar atenção em direcionar sua "câmera interna" não a si mesmo, mas ao público. Também pode ser de grande auxílio tomar sua criança interior pela mão e acalmá-la com palavras encorajadoras e tranquilizadoras. Uma boa dica é mudar a imagem que você tem da situação. Para alguns, imaginar o outro no banheiro ou sem roupa ajuda ainda mais. Seja como for, tais visualizações tiram um pouco do perigo do acontecimento. Os exercícios "Momento de maestria" e "Fonte de energia interna", que vimos na seção "Autoaceitação", também ajudam a se libertar da impotência sentida sob o efeito do medo.

Imaginar qual seria o pior cenário possível é muito importante, pois geralmente não pensamos na resposta a essa pergunta até o final. Tive como cliente um jovem policial que desenvolveu medos obsessivos com ataques de pânico em relação à ideia de que poderia cometer um delito de trânsito acidental e não se dar conta disso, podendo ser acusado de atropelamento seguido de fuga. Tais medos o faziam parar no acostamento várias vezes para analisar possíveis indícios de acidente. Além disso, ele tinha cada vez menos confiança em dirigir no tempo livre. Conversando com ele, não encontrei nenhum indício em sua infância que apontasse medos mais profundos e ocultos, como, por exemplo, medo generalizado de perder o controle. Sua fobia parecia se restringir a esse tema específico.

Perguntei-lhe, afinal, o que poderia acontecer no pior dos cenários, e ele prontamente respondeu:

– Eu perderia meu emprego!

Perguntei então:

– E o que aconteceria se você perdesse o emprego?

Ele hesitou, pois nunca havia tido coragem de encarar esse pensamento. De repente, relaxou e disse, sorrindo:

– Eu sobreviveria. Se acontecer, arranjo outro!

E assim o medo o deixou. Naquele dia, ele entrou no carro e saiu dirigindo com tranquilidade. Eu o fortaleci em sua decisão e lhe garanti que ele poderia marcar outra sessão a qualquer momento, caso sentisse necessidade. Certamente não foi preciso, pois nunca mais nos falamos.

Certa vez perguntei a uma cliente que tinha pavor de falar em público qual seria o pior dos cenários, e ela respondeu:

– Eu teria que ser acompanhada para fora da sala aos prantos.

Em seguida, ela começou a rir alto, pois achou essa imagem hilária. Depois disso, sempre que fica nervosa antes de uma palestra, ela imagina essa cena e acaba rindo. O humor muitas vezes pode ter efeito curativo.

O essencial para qualquer pessoa é se entregar aos medos. Resistir e evitar as situações que desencadeiam o medo leva inevitavelmente a um círculo vicioso, pois não possibilita a experiência curativa de superação do medo. Pelo contrário: só o faz aumentar. Por isso é necessário confrontar a si mesmo até que o medo seja neutralizado. O pico do medo dura no máximo meia hora. Depois disso, o corpo já liberou todos os hormônios do estresse, como adrenalina e cortisol.

Eu mesma sofro de um medo bastante bobo: minhas mãos tremem sem parar quando toco piano para qualquer pessoa, mesmo que seja um amigo. Todos os pensamentos tranquilizantes e positivos que eu possa ter sobre essa situação não surtem efeito, e pensar que sou muito vaidosa como pianista também não ajuda. Fico completamente à mercê dos tremores involuntários. Mesmo imaginar o pior cenário não me acalma, pois seria fracassar por completo, o que acho bastante grave. E isso se dá pelo fato de que esse medo é muito ridículo em comparação com os outros tipos. Além de tudo, sou psicóloga, então o que pensarão de mim? No piano, portanto, todas as minhas estratégias, que são de grande auxílio nos outros casos, são em vão. E me resta somente uma escolha: me forço a tocar até que o medo passe. Isso acontece, o mais tardar, em meia hora, e depois desse tempo consigo tocar com as mãos tranquilas. Até lá, meus queridos amigos precisam testemunhar meu "fracasso".

Agressividade

A agressividade tem um papel importante nos problemas de autoestima, seja porque a pessoa em questão a reprime muito intensamente ou porque tem muito pouco controle sobre esse impulso. De forma geral, pode-se dizer que pessoas afetadas pela obsessão por harmonia reprimem demais a agressividade, enquanto os agressivos vivem esse estado de forma muito impulsiva.

A agressividade – ou a raiva – tem um propósito biológico, de nos proteger em uma situação ameaçadora, de nos defender e até mesmo de salvar nossa vida em um caso extremo. No mundo civilizado, entretanto, as situações nas quais nos sentimos ameaçados e achamos que precisamos nos defender nem sempre são tão evidentes. Quer dizer, se alguém quiser esmagar meu crânio, a situação é bem clara. Mas e quando um conhecido não fala comigo? Quando meu parceiro reclama de mim? Quando um colega de trabalho ignora minhas sugestões? Muitas pessoas inseguras se questionam se interpretaram de forma correta a situação com colegas, o parceiro, a chefe, seus atos e palavras. Não têm certeza se foram atacadas. Ou estão certas disso mas acreditam que não teriam a mínima chance na discussão, pois percebem o agressor como superior. E esperam que tudo se resolva espontaneamente, pois poderiam piorar a situação caso interferissem. É por isso que muitas pessoas inseguras reprimem a raiva e se calam. Entretanto, o ódio não some sozinho; ele acumula-se e encontra brechas. É importante que pessoas avessas a conflito tenham consciência de sua agressividade para que treinem como lidar de forma saudável com ela – para o seu bem e o bem dos outros.

A raiva é, antes de tudo, uma emoção ameaçadora para pessoas avessas a conflitos, pois pode conter certa destrutividade. Tais pessoas não querem destruir, mas conservar, porque desejam ser amadas. Por essa razão, reprimem palavras e atos que possam soar mais duros. E acabam direcionando a agressividade, em geral inconscientemente, a si mesmas. Quando fazem isso por muito tempo, correm o risco de ficar doentes ou depressivas. Podem também exercer a raiva contra o agressor por meios enviesados, vingando-se dele, por exemplo, em outra ocasião, sem que possa ser reconhecida a conexão entre aquele ato passado e a vingança atual. Ou elas se especializam na resistência passiva e causam grande decepção no outro, rompendo o contato furtivamente ou tornando-se esquecidas ou mal-humoradas em relação a temas não relacionados à questão específica de seu aborrecimento.

Se você pertence ao grupo que praticamente não sente raiva ou que a reprime, seria saudável desenvolver um acesso melhor a esse sentimento. Inicialmente, permita-se sentir a raiva. Lembre a si mesmo que raiva e agressividade são emoções que lhe pertencem e que ajudam você a se responsabilizar perante si mesmo e perante os outros. Além disso, a raiva é um pré-requisito importante para sair de uma relação que não faz bem.

Psicólogos falam, nesse contexto, sobre a chamada agressividade de separação. Originalmente, essa expressão é usada no contexto da relação de infância entre mãe e filho. Uma criança precisa de agressividade para se desenvolver e se tornar um ser independente. Especialmente na fase das birras, na qual se esforça para defender sua autonomia, ela precisa da agressividade de separação. Ela grita "Não!" com raiva ou bate na mãe para se afirmar. Nós, adultos, também precisamos de certa medida de agressividade de separação para estabelecer uma distância saudável de pessoas que nos fazem mal ou até para abandoná-las, caso necessário.

Não há como ter uma vida independente sem determinada dose de agressividade, pois ela nos dá força. Costumo perceber, em conversas com clientes que reprimem esse estado, que *eu* fico com raiva no lugar deles. Por exemplo, quando relatam o desrespeito do parceiro e as insolências às quais se submetem. O sentimento que os clientes relatam é o de tristeza. Eu pergunto a eles se a falta de respeito do parceiro não os deixaria também com raiva. Muitos respondem com hesitação que sim, na verdade ficariam com raiva... mas parecem anestesiados nesse ponto. Eu lhes peço então que foquem a fagulha que ainda conseguem sentir internamente e que deem espaço a ela. Muitas vezes, nesse momento a postura do cliente muda. É sinal de que a autopiedade vai embora e a decisão de se defender toma seu lugar.

Já falei sobre a importância de se defender no momento adequado e não deixar os aborrecimentos se acumularem e inflarem por muito tempo. Algumas pessoas acumulam a raiva por tanto tempo que ela se torna enorme e supera os medos. Tendo em vista que o medo tem um espaço bastante grande, elas precisam de uma verdadeira bomba de ódio para superá-lo – e é nesse momento que acontece a explosão! Não raro o outro fica chocado com esse comportamento, porque até então não havia percebido nenhuma agitação interna no companheiro. Essa tática de prorrogação torna evidente que a raiva é uma emoção normal para superar o medo. E a raiva deveria encontrar, na medida do possível, uma forma civilizada para se expressar, o que é mais fácil de fazer quando ela ainda não atingiu seu nível máximo, pois, nesse caso, pode destruir mais do que fazer o bem.

Se você tiver dificuldade de perceber a raiva em tempo hábil e expressá-la de forma adequada, recomendo os seguintes passos:

1. Concentre-se internamente e sinta se determinado comportamento desencadeia raiva em você. Permita-se sentir isso.
2. Observe essa raiva. Qual elemento exato no comportamento do outro faz você sentir isso?

3. Analise se essa raiva tem algo a ver com algo seu. Ela se justifica? Ou será que resulta de sentimentos de inferioridade ou de uma relação anterior que você transferiu para essa pessoa?
4. Investigue qual seria sua reação-padrão: afastamento, tristeza, medo de brigar e estragar a relação, silêncio, vingança? Ou você minimizaria o motivo da raiva para não precisar mais senti-la?
5. Pense sobre como você poderia resolver o conflito de maneira adequada. Você encontrará inúmeras dicas na seção "Comunicação".

A raiva e o medo são, em geral, adversários entre si. Sua agressividade saudável é frequentemente bloqueada pelo medo de fazer algo errado e ser rejeitado. Saiba que os atalhos que a raiva toma costumam ser mais injustos que uma conversa sincera no momento oportuno. Quanto mais cedo você se permitir sentir raiva, melhor conseguirá formulá-la de maneira construtiva, dando, assim, uma chance ao outro. Se isso não ajudar no longo prazo, a raiva pode lhe fornecer o empurrãozinho necessário para romper a relação.

Pessoas que sofrem por causa de sua impulsividade gostariam de controlar a raiva em determinados momentos. Por trás do temperamento violento sempre está o problema subjacente de que a pessoa não reconhece o real gatilho da raiva. O limiar estímulo-reação é muito baixo. Isso significa que elas explodem rapidamente, não percebendo que há uma interpretação mental de segundos feita por elas entre o suposto motivo para a raiva e sua reação, e que é essa interpretação a responsável pela explosão. Há, portanto, uma espécie de ponto cego entre o suposto motivo e a reação explosiva. É necessário identificar o ponto cego, e isso precisa acontecer antes que a programação automática seja ativada.

No tocante a todos os estados negativos de excitação, é importante regulá-los de preferência na "fase de aquecimento". Uma vez que a pessoa está presa nesse estado, não consegue mais frear. O ponto cego é a *interpretação subjetiva* da situação. Há, portanto, um motivo, um comentário qualquer ao qual se segue uma interpretação pessoal instantânea e inconsciente. Após essa *interpretação* vem a reação impulsiva.

Interpretações desse tipo podem enquadrar comentários neutros ou até mesmo gentis como um ataque pessoal. Na essência, essas interpretações negativas sempre se devem a mágoas profundas.

Uma cliente me procurou porque reagia quase sempre de forma excessivamente irritadiça e agressiva com seu filho de 2 anos. Analisamos juntas, então, situações concretas nas quais a criança havia desencadeado a agressividade na mãe e assim percebemos que ela muitas vezes imaginava sua rejeição pessoal como mãe no comportamento da criança. Interpretava, por exemplo, determinado olhar do filho como um ataque pessoal: "Lá vem ele me olhar assim mais uma vez para me provocar. Ele não tem nem um pingo de respeito por mim!" E imediatamente ela começava a gritar com a criança. Até então, essa cliente não tinha tido consciência de que não era o olhar do filho que a enraivecia, mas a interpretação que fazia desse olhar.

De acordo com minhas experiências, ataques de raiva ou até mesmo comentários mordazes são desencadeados, na esmagadora maioria dos casos, por um insulto pessoal, mesmo que o autor do suposto insulto não tenha tido a menor intenção de ofender. Quem quiser domar sua impulsividade precisa trabalhar sua propensão para se sentir ofendido. Talvez você se lembre da minha descrição, no início do livro, de uma espécie de ferida interna permanente das pessoas inseguras. Por trás da raiva extrema sentida em determinadas situações existe uma mágoa mais profunda que costuma ter pouca relação com o evento atual – ela simplesmente é ativada por esse acontecimento. Quando alguém se sente rapidamente rejeitado em decorrência de feridas da infância, não se dá conta de que a raiva é novamente desencadeada dentro de si, como no caso da mãe com o filho de 2 anos. Ela inconscientemente confundiu suas experiências da primeira infância com sua relação com o filho. Caso você seja assim, recomendo-lhe que siga os seguintes passos:

1. Identifique situações típicas que fazem você perder a cabeça. Busque em sua memória eventos concretos vividos por você. Eles são ideais para analisar o padrão de estímulo-interpretação-reação. Anote em um papel (o mais objetivamente possível) o que o suposto agressor

disse ou fez. Escreva ao lado qual foi sua interpretação do incidente. Por fim, escreva qual foi sua reação.
2. Tente encontrar o fio condutor, o aspecto em comum entre as situações. Você perceberá que se trata de situações nas quais você se sente desvalorizado, ignorado ou rejeitado. Busque a ferida interna que permanece viva. Qual mágoa profunda ocorrida em sua trajetória está por trás de todos esses gatilhos?
3. Identifique sua ferida e, como um "adulto interior bom", pegue sua criança interior pela mão e console-a pelas mágoas que lhe foram causadas na infância (ver também "Segure sua criança interior pela mão" na seção "Autoaceitação"). Deixe claro à criança que, na próxima vez que ela se sentir agredida, o adulto vai lidar com a situação.
4. Tente se preparar para situações futuras, tornando-se plenamente consciente de que você ou, conforme o caso, sua criança interior está transferindo as feridas do passado para a situação atual. Tente separar uma coisa da outra, ou seja, o passado e o presente.
5. Crie estratégias adultas para lidar com situações desse tipo no futuro. O importante aqui é que a parte adulta e responsável em você prevaleça. Você pode encontrar estratégias construtivas na seção "Comunicação".
6. Leve a sério o provérbio chinês "Se tiveres paciência em um momento de raiva, cem dias de pesar evitarás".

Tanto as pessoas que reprimem a raiva como as que reagem de cabeça quente devem aprender a lidar com a agressividade da maneira mais consciente e reflexiva possível. Quanto mais consciência tivermos de mágoas internas, desejos, motivações, emoções e pensamentos associados, melhor saberemos administrá-los.

Tristeza e depressão

Estados ansioso-depressivos e até mesmo depressão são efeitos frequentes de problemas com a autoestima. O medo de não ser capaz de realizar algo não raro é sentido como medo generalizado de viver. O medo e a depressão costumam andar de mãos dadas, e é por isso que falamos em quadro ansioso-depressivo. Distanciar-se é uma reação normal da tristeza por uma perda real, como a morte de uma pessoa querida.

O que diferencia o estado depressivo de uma reação normal de tristeza? Acima de tudo, um motivo concreto. Quando uma pessoa está triste, ela sabe o motivo. A tristeza é desencadeada por algum tipo de perda, que pode estar relacionada às mais diversas áreas da vida: podemos ficar tristes pela perda de uma pessoa, um animal ou um objeto querido. Podemos ficar tristes se não alcançarmos determinado desempenho ou reconhecimento que são importantes para nós. Podemos ficar tristes pela perda de nossa saúde, de nossa juventude, pela impermanência de nossa existência. Podemos ficar tristes em virtude de um insulto pessoal, de uma rejeição. Quando a pessoa está triste, ela sabe por que está assim. Diante dela está a missão de superar tal tristeza.

No caso da forma depressiva da tristeza, o motivo grave e concreto é menos determinante. Foram experiências e mágoas passadas que levaram à formação da baixa autoestima com todos os seus efeitos colaterais.

A depressão é muito menos caracterizada por uma vivência vital de tristeza e mais (o que é muito pior para a pessoa afetada) por um sentimento de vazio. A pessoa até deseja ser capaz de sentir tristeza, pois isso seria, pelo menos, um sentimento ligado à vida. A depressão pode ser compreendida psicologicamente como um tipo de reflexo em que o corpo "se finge de morto" para fins de autoproteção: todo o aparato emocional da pessoa cai para o nível mínimo. O deprimido se fecha e praticamente não sente mais dor, o que pode ser comparado com o desmaio no nível físico.

O espectro inclui desde leves estados depressivos, nos quais a pessoa ainda permanece funcional no geral, até a chamada depressão profunda, em que ela não consegue fazer praticamente nada. Quem sofre de depressão profunda quase não se levanta mais da cama e fica completamente apático. Às vezes lhe falta inclusive – felizmente – o impulso para o suicídio. As pessoas nesse estado sentem um estado agonizante de paralisia da alma.

A síndrome de burnout, frequentemente abordada na mídia nos últimos anos, é uma variante do estado depressivo. Trata-se de um tipo de depressão por esgotamento. É desencadeada por esforços extremos e prolongados de alguém que sempre quis dar o seu melhor, profissionalmente e também na esfera pessoal, e que tem a impressão de ter tido pouco êxito. Trata-se de um estresse de longa duração e não superável, objetiva ou subjetivamente, que provoca os sintomas de esgotamento, vazio interno e paralisia.

O que é comum a todos os estados depressivos é a sensação de impotência. As pessoas afetadas se sentem sem valor e fracas. A baixa autoestima é um terreno muito fértil para esse estado. É por isso que valorizo tanto o ensino de estratégias às pessoas inseguras para que permaneçam capazes de agir. Enquanto eu ainda estiver convencido de que tenho influência em meu destino, permaneço ativo. E isso é o contrário da depressão.

Se tenho a convicção subjetiva de que não tenho a menor chance, corro o risco de me resignar. O termo resignação também poderia ser usado como sinônimo de depressão. O crucial aqui é a palavra "subjetiva". As pessoas afetadas tendem a se enxergar como indefesas e sem valor em virtude de sua baixa autoestima. A convicção subjetiva de não ter valor está ligada à percepção subjetiva de não poder se defender – de não ter sequer o direito de se defender. A sensação de impotência vem acompanhada, nos estados depressivos, de uma intensa desvalorização de si mesmo e da autoestima. No fundo, o estado depressivo é meramente um estado exagerado de baixa autoestima. Isso significa que os sintomas básicos, tais como autodesvalorização, impotência e medo da rejeição, se maximizam no estado depressivo. Em vez de lutar, a pessoa se fecha, recua. A função da agressividade torna-se novamente clara nesse contexto: ela é o antídoto da depressão. A agressividade nos torna capazes de agir, pois nos fornece força. Quem está em depressão não tem nenhuma agressividade. A pessoa se sente sem força, anestesiada, resignada. Isso não significa, entretanto, que não tenha agressividade dentro de si. Ela está escondida e não consegue encontrar uma forma saudável de se expressar. No estado depressivo, a agressividade saudável é sufocada pelo vácuo do vazio interno. Passa, então, a se direcionar para a pessoa deprimida, e indiretamente para seu entorno.

Luana, uma professora de 36 anos, buscou fazer psicoterapia comigo porque sofria de depressão. Ela se descreveu como uma pessoa sem forças, apática e desanimada. Não tinha mais alegria na vida e não sentia mais prazer em nenhuma atividade. Tudo parecia infinitamente difícil e sem graça.

Luana é filha única e cresceu em uma cidade no Eifel, oeste da Alemanha. Ela descreveu a mãe como uma mulher amorosa, mas fraca. O pai era rígido, mas justo. Ele queria estimular a filha o máximo possível, tanto academicamente quando no exercício de atividades esportivas e musicais. O pai era previsível para Luana – havia regras claras –, mas ela teve pouco espaço para um desenvolvimento livre. Ela enxergava sua mãe como sendo muito mais flexível que o pai, embora não se impusesse contra ele, o que impossibilitou que protegesse Luana das exigências do pai. Portanto, a mãe de Luana também era um exemplo ruim no tocante à autoestima. O pai exercia muita pressão sobre Luana. Discutir não levava a nada. Por fim, ela precisou se dobrar às regras dele. A mãe a consolava em segredo e lhe possibilitava, às vezes, ter um pouco de espaço livre, mas isso só atenuava o estresse de Luana.

Quando criança e jovem, Luana praticamente não passou pela experiência de ter direito a vontade própria. Também não aprendeu a se autodeterminar. Em vez disso, aprendeu a ter uma sensação de dever e disciplina. Aprendeu a obedecer. A princípio, não seria problemático se ela tivesse tido a oportunidade de compreender que suas decisões e sua vontade também tinham valor. Ela teria aprendido, com isso, a se adequar com espontaneidade ou se afirmar de acordo com cada situação. Faltavam-lhe, entretanto, assertividade e vontade própria em virtude dos muitos anos de treino na repressão de suas necessidades. O automatismo de sua infância não permitiu que Luana desenvolvesse um bom acesso a seus desejos e sentimentos – eles tinham muito pouca chance de serem considerados.

Na idade adulta, Luana era uma pessoa funcional, mas projetava muito pouco em sua vida. Adequava-se às expectativas que lhe eram impostas, fossem profissionais ou na esfera privada. Ela reprimia am-

plamente sua raiva, pois era o que havia aprendido: "Brigar não leva a nada!" Em seu casamento, ela se curvou – como sua mãe – aos desejos do marido. No trabalho, dava seu melhor. Além disso, acumulava voluntariamente muitas tarefas.

Luana sempre foi o tipo de pessoa que se ofereceu para ajudar ou assumir pequenos serviços voluntários. Ela se sobrecarregava por escolha própria com o desempenho de tarefas e o cumprimento de expectativas. Havia internalizado a criação do pai de tal forma que se comportava ainda agora segundo os padrões dele, mesmo sem sua vigilância. A criança interior de Luana ainda não tinha entendido que agora estava livre. Ainda não tinha percebido que os pais não estavam mais lá e que ela podia se defender. Por hábito, Luana reprimia seus desejos e simplesmente servia o outro. Como seu marido era bastante generoso em comparação com seu pai, ela não se deu conta de que se esgotava no trabalho e se escondia atrás do marido. Parecia que somente a exaustão crescente e a apatia lhe geravam a sensação de sofrimento. Ela simplesmente não conseguia funcionar como antes.

A história de Luana, que pode ocorrer de maneiras variadas, é típica para o surgimento da depressão, que costuma ser acompanhado por uma "estrutura de personalidade depressiva", caracterizada pela baixa autoestima, pelo acesso bloqueado aos próprios sentimentos e pela falta de assertividade.

Pessoas determinadas raramente ficam deprimidas. Estabelecem metas e lutam por elas. Usam suas margens de manobra e seu potencial agressivo no sentido positivo. Pessoas de natureza insegura e depressivas, ao contrário, são relutantes. Acham que não é adequado se afirmar, que isso seria egoísta, e que agressividade é algo ruim. Ambas estão erradas. Uma dose moderada de assertividade e agressividade é saudável.

Se Luana tivesse continuado a viver da mesma forma, seu casamento teria chegado ao fim e ela teria se esgotado profissionalmente. A quem isso teria servido? Qual a vantagem dessa abnegação para Luana e para a sociedade? O problema é que uma repressão duradoura das próprias necessidades está, mais cedo ou mais tarde, fadada ao fracasso, tanto no aspecto profissional quanto no privado. Quando a negação pessoal aumenta e chega à depressão, esse fracasso se torna especialmente evidente: a pessoa que sempre se esforçou para fazer tudo certo e para funcionar subitamente falha. Não consegue fazer mais nada. Nesse caso, faz mais sentido passar a cuidar de si, e não só dos outros. Assim a pessoa recarrega as baterias e recebe assistência duradoura da comunidade. Preocupar-se consigo é uma forma madura de responsabilidade, pois quem cuida de si não espera que alguém venha libertá-lo de sua má sorte.

Por trás dos sintomas depressivos que paralisam a pessoa geralmente se esconde no subconsciente uma dose concentrada de agressividade. Isso ficou evidente na psicoterapia com Luana. Seu estado depressivo serviu para que ela se recusasse a fazer as coisas. Recusar-se, dizer não, era exatamente aquilo que normalmente ela não tinha coragem de fazer. No desenrolar das nossas conversas, Luana reconheceu que a depressão era, na verdade, um tipo de resistência passiva. Ela havia acumulado dentro de si, por meio da alta propensão à adequação, uma dose cavalar de raiva reprimida, ou seja, agressão passiva, que se transformou em depressão. E por quê? Luana não havia aprendido a lidar de forma construtiva com sua agressividade. Mesmo que sofresse com a depressão, esse estado tinha a "vantagem" de lhe fornecer certa quietude. Seu estado depressivo a deixava tão exaurida que, subitamente, ela era capaz de dizer não. Ou melhor, não precisava nem mesmo dizer não, *pois ela simplesmente não conseguia mais seguir em frente*. Inconscientemente, a depressão lhe servia como justificativa para não funcionar mais. Igualmente de forma inconsciente ela se vingou, por meio da doença, do marido e de todos aqueles que a haviam subjugado – voluntariamente. Isso também se tornou claro durante nossas conversas. Luana passou a assumir responsabilidade por seus sentimentos. Aprendeu a cuidar de si mesma, a se dar ao luxo de pausas e descanso. Consequentemente, não dizia mais sim para todo mundo e precisava recusar algumas solicitações. Com isso, sua dimensão interna se tornou mais perceptível para os outros, que passaram a compreender melhor o que ela sentia.

Luana abriu mão da esperança de que sua vida simplesmente mudaria *do nada* e começou a tomar seu destino nas próprias mãos. Parou de reprimir a raiva que sentia e passou a lidar com ela, ou com a pessoa que desencadeava tal raiva. A partir de então, percebeu que "conversar ajuda" e recebeu muito mais compreensão por suas necessidades do que jamais poderia ter imaginado. A criança interior de Luana tomou consciência de que nem todos são como a mamãe e o papai e que há possibilidades de negociação. A Luana adulta se deu conta de que havia inconscientemente se baseado na mãe. Luana começou a desenvolver seus próprios pesos e medidas. Durante seu processo de mudança, percebeu, espantada, que o marido acolheu sua evolução. Em conversas com ele, ficou claro que o fato de Luana expressar pouco seus desejos na relação havia contribuído para que ele assumisse o papel dominante. Ele ficou aliviado quando Luana passou a expressar seus desejos, pois ficou liberado do dever de ler seus pensamentos, o que ele não sabia fazer e que havia contribuído para o ressentimento de ambos.

Vergonha e humilhação

A vergonha é um dos sentimentos mais profundos e existenciais que pode nos invadir, pois nos preenche do fio de cabelo até a sola dos pés. A vergonha ajuda as pessoas a se adequar à sociedade e a aprender. Regula nosso comportamento. Esse é seu propósito. Por outro lado, há pouco propósito quando sentimos vergonha constantemente e por motivos insignificantes. Esse sentimento, entretanto, pode ser um dos efeitos secundários mais desagradáveis da baixa autoestima. As pessoas afetadas desejam abrir um buraco no chão e se esconder lá. Esse desejo de se tornar invisível aos olhares alheios, de não estar presente, mostra como a vergonha pode ser existencialmente ameaçadora.

Diferentemente de outros sentimentos, ela sempre se orienta para o outro, sempre tem a ver com "ser visto". É o olhar depreciativo, de escárnio e desprezo do outro que faz com que nos envergonhemos. E não importa se esse olhar está de fato direcionado para nós ou se é fruto de nossa imaginação. O último caso acontece quando nos imaginamos como testemunha de nosso fracasso. A raiva e o medo, ao contrário, podem ocorrer dissociados de outras pessoas, como quando temos medo de doenças ou da morte, ou quando ficamos com raiva da máquina de lavar que quebrou. A vergonha está ligada à interação com os outros, mesmo que eles só existam em nossa cabeça. É por isso que pessoas inseguras são especialmente suscetíveis ao sentimento de vergonha, pois faz com que sintam sua inferioridade e sua inadequação com muita força. É uma ameaça social.

O aspecto mais traiçoeiro da vergonha é que não há saída. Quando nos envergonhamos já é tarde demais e não há meio que nos faça voltar atrás. Não há possibilidade de reparação, como no caso da culpa, pois a vítima da vergonha somos nós mesmos. Também não há prescrição para casos intensos de vergonha. É por isso que podemos sentir vergonha de algo que ocorreu anos antes.

A vergonha se instaura quando temos um defeito visível ou quando não conseguimos desempenhar algo que nos foi pedido. Sentimos vergonha quando nos esquecemos de fechar a braguilha da calça ou não passamos em uma prova. São ocasiões concretas de fracasso para as quais há testemunhas e cúmplices. Vergonhoso é aquilo que expõe nossas fraquezas. Vergonhoso é o que é socialmente indesejado. Vergonhoso é ser ridicularizado, provocado ou humilhado. Quando isso acontece, qualquer um sente vergonha. As pessoas inseguras, quando estão diante de uma situação muito desconfortável, têm um sentimento fundamental: "Sou um erro!" Elas carregam a ferida permanente dentro de si, mas essa ferida não precisa de muito sal para arder. Essa ferida interna leva a uma autoconsciência profundamente deturpada.

Para alguns, basta entrar em um lugar cheio de gente para sentir vergonha simplesmente por se tornarem visíveis aos outros. Afinal, se sou um erro, não quero ser visto. Para piorar, seu rosto ruboriza. Agora os outros veem meu erro como pessoa e também podem ver minha insegurança. Uma profunda impotência se instaura. Só há saída dessa situação se eu me dissolver no ar. *Game over*.

Esse pensamento mostra quão devastadora é a sensação de vergonha. Quando imaginamos que as pessoas inseguras, em especial aquelas que sofrem de muita insegurança, se enxergam como erradas e insuficientes, compreendemos que tenham vergonha de simplesmente estarem lá. Elas tentam evitar essa vergonha existencial fazendo tudo, mas tudo mesmo, corretamente. E mostrando o menos possível de si. O manto de invisibilidade é sua peça de roupa mais importante. Tanto o perfeccionismo quanto o eterno jogo de esconde-esconde custam muita energia de vida, por isso que elas se sentem estressadas e cansadas.

Tenho muitos clientes que sofrem de sentimento de vergonha existencial, mas eles não têm consciência do impacto que esse estado tem no seu dia a dia. Na superfície, eles sofrem por muitas situações serem embaraçosas e por questionarem o tempo todo o que os outros pensam deles. Eles não sabem que os acontecimentos em si apenas ativam essa vergonha, não a causam.

A origem do sentimento exacerbado de vergonha é sempre a educação transmitida pelos pais, que ensinaram esse *modus operandi* à criança. As pessoas afetadas raramente conseguiam satisfazer os pais. Já na infância elas internalizaram a sensação de que não são boas o suficiente. E foram muito humilhadas pelos pais, talvez até por irmãos, outras crianças e professores. Não raro essa humilhação se referia à sua aparência ou a algum traço de personalidade.

Entenda: pessoas que sofrem de "vergonha crônica" têm uma espécie de erro de programação. E, em regra, esse é o único erro com o qual deveriam se importar. Não deveriam lutar contra as supostas fraquezas, mas contra a única que vale a pena vencer: a autoconsciência distorcida. Meu conselho é que inspire e expire profundamente e repita várias vezes: "Eu sou o que sou, e isso é o que eu sou! E isso é bom!"

Diversão e alegria

Pessoas notoriamente insatisfeitas com seu jeito de ser sofrem da "síndrome da falta de alegria de viver". Em casos extremos, só conhecem dois estados: sentem-se muito cansadas e entediadas ou estressadas e exauridas. Além de desagradável e prejudicial em vários aspectos sociais, a falta de alegria de viver tem também efeitos negativos sobre o sistema imunológico. Estudos médicos e psicológicos comprovam essa relação. Ter alegria e encontrar um sentido para a vida é a melhor prevenção contra doenças. O estresse faz adoecer – mais do que o tabagismo e uma alimentação desbalanceada, por exemplo. Consequentemente, a vida no planeta Insegurança traz riscos à saúde no longo prazo.

É por isso que, além de todas as medidas que lhe recomendo para acolher a si mesmo, você deveria apostar todas as suas fichas em ter mais diversão e alegria no cotidiano.

Faça uma biografia da alegria
Você provavelmente sabe de cor a sua biografia da insuficiência. Olha para sua vida até agora e tem a consciência de tudo que já fez de errado e de todos os infortúnios que já lhe ocorreram. Tente contrapor esses pensamentos com uma biografia da alegria. O que deu certo? Quais dificuldades você conseguiu enfrentar com maestria? Em quais momentos você teve sorte? De quais feitos você pode se orgulhar? O que seus pais fizeram corretamente e que você leva como exemplo de vida?

Um cliente meu que tinha uma relação amargurada com o pai se deu conta de que passara situações felizes com ele. Uma delas era quando iam à floresta juntos – eram momentos de harmonia e sintonia entre os dois. Quando se lembrou disso, meu cliente conseguiu enxergar o pai banhado em uma luz acolhedora, o que o libertou de alguma forma. A amargura, assim como outros sentimentos negativos, é emocionalmente desgastante. Quando afirmei que você deve sentir sua raiva, isso não contradiz as afirmações que faço agora. Precisamos primeiramente sentir a raiva e a agressividade para depois desconstruí-las e fazer as pazes com elas.

Pessoas com predisposição ao otimismo e que enxergam a vida com satisfação fazem a chamada "biografia da alegria" de forma automática. Ainda que tenham passado por eventos tristes e estressantes, concentram-se naquilo que puderam tirar de bom dessas experiências. Dessa forma, veem sua trajetória com uma espécie de lente cor-de-rosa. Focar nas coisas boas contribui para a saúde – dourar um pouco a pílula não faz mal.

Ative seu sistema de recompensas

No capítulo "Por que sou tão inseguro?", descrevi o sistema de recompensas ou punições do cérebro. A seguir, você vai encontrar mais dicas sobre como acionar ativamente seu sistema de recompensas.

Se você se entregar a pensamentos e sentimentos autodestrutivos, diga: "Pare!" E faça uma inversão mental. Lembre-se de situações nas quais você conseguiu se reerguer após um fracasso. Contemple suas habilidades e suas características positivas. Direcione sua energia para o futuro e para a mudança. Pense *com foco na ação* e decida: *vou tentar de novo* ou *vou tentar de outra forma*.

Você pode também se apoiar em exemplos. Eu gosto muito de ver programas de talentos musicais e fico fascinada com a capacidade de alguns candidatos de se reerguer após uma crítica devastadora e ir para a próxima fase. Muitas vezes eles enfrentam a fase seguinte de forma brilhante. Simplesmente não se deixam abater e aplicam a crítica de forma construtiva. Tais pessoas, quase sempre muito jovens, podem ser um bom exemplo para nós. Você pode pensar também na recuperação de algumas celebridades que estavam entregues ao álcool ou às drogas. Elas tiveram uma nova chance de viver após uma crise grave.

Como é o ditado no planeta Segurança? "Tudo bem cair, o importante é se levantar!" Pessoas com um sistema de recompensas sólido realizam essa conversão: sentem um forte ímpeto de se libertar de uma situação de sofrimento. Quando a crença em si mesmas está abalada, recorrem a estratégias de superação para restaurá-la.

Mais uma palavrinha sobre o sucesso: concentre-se também em *suas* necessidades e *seus* desejos. Você não está neste mundo para cumprir as expectativas dos outros.

Permita-se sentir alegria
Quando você tiver um sentimento de realização ou simplesmente vivenciar um momento bonito, deixe essa alegria reverberar em seu corpo. Entregue-se a essa sensação. Não a asfixie logo em seguida pensando que vai durar pouco ou que é algo raro.

Kátia, uma jovem estudante, me disse certa vez: "Antigamente, quando tirava boas notas, eu pensava sobre o que ainda precisava ser feito. Hoje, sou tomada por um sentimento de alegria!" Quando lhe perguntei como havia feito essa mudança, ela disse: "Simplesmente tenho mais consciência de mim mesma. Isso significa que hoje consigo detectar meus pontos fortes. Antigamente, só focava em minhas fraquezas."

Planeje seu tempo de lazer
Para trazermos mais alegria ao dia a dia, devemos aproveitar os momentos de lazer. E eles só serão possíveis quando soubermos usufruir o tempo livre. É por isso que estou lembrando a você, mais uma vez, que estruture seu dia e estabeleça metas realistas. Pelo menos o domingo deveria ser um dia voltado para o lazer. Permita-se receber recompensas quando tiver realizado algo. Lembre-se de que é importante recarregar as baterias, senão você acabará ficando doente, e isso não é bom para ninguém, muito menos para você.

Assuma responsabilidade pelo planejamento de seu tempo de lazer. Não espere que algo *simplesmente* aconteça. Um cliente meu reclamou de solidão no fim de semana, apesar de ter um círculo estável de amigos. Ele, porém, não se preocupava muito em marcar encontros. Era solteiro e conhecia muitos casais, e ele achava que prefeririam estar sozinhos no fim de semana. Eu lhe disse que muitos casais também podem curtir encontrar um amigo solteiro. Além disso, meu cliente cozinhava bem. Que casal não fica feliz em receber um convite simpático para comer algo gostoso?

Reflita sobre o que faz você feliz e coloque seus desejos em prática. Se você gosta de estar na natureza, busque essa experiência. Se você gosta de dançar, vá a uma escola ou a um clube. Cuide de si mesmo. E, se for necessário, deixe claro a sua família que você tem direito ao lazer. Há muitos argumentos que você pode utilizar para convencê-los, como o fato de que será uma mãe ou um pai muito mais relaxado e equilibrado se tiver algum tempo só seu.

Ria
Tente rir sempre que possível. É perfeitamente viável induzir situações em que você pode dar boas risadas. Como já me expus aqui com algumas histórias embaraçosas, mais uma não vai fazer diferença, então vamos lá.

Levo meu trabalho de psicóloga perita muito a sério. Preciso fazer muitas visitas domiciliares, e isso significa que dirijo bastante. Em algum momento, me dei conta de que ria muito pouco, porque meu emprego não é muito engraçado. Para remediar essa situação, comecei a fazer um curso de idioma em áudio: *kanakisch* (também conhecida como *kanak sprak*). *Kanakisch* é uma língua da cultura jovem derivada do turco-alemão ou, segundo a Wikipédia, um socioleto de grupos migrantes da Turquia.

Para você ter uma ideia do que estou falando, *Konkret Alter, da hab' isch dem im Karr gelernt*. Tradução: Meu querido, aprendi *kanakisch* enquanto dirigia. É uma frase ridícula, mas justamente por isso é que foi engraçado e teve um efeito colateral favorável: *Respekt Alter, dem Tuss kann Kanakisch*. Tradução: Me respeita, porque eu domino o *kanakisch*. Após ficar fera em *kanakisch*, me dediquei a outro de meus idiomas favoritos, o austríaco. Para dominar a língua, ouvi o humorista Josef Hader em sua versão original austríaca e chorei de rir.

O que quero dizer é: não espere a diversão vir até você, vá atrás dela.

Orgulho

A modéstia é uma virtude, e essa é uma verdade inescapável. Mas *também* é correto sentirmos orgulho de nós mesmos quando temos um bom desempenho em algo que fizemos. Muitos têm vergonha de sentir orgulho de suas vitórias. Isso está ligado à imagem negativa que temos desse sentimento. Para a Igreja Católica Romana, a soberba é um dos sete pecados capitais. Segundo o poeta italiano Dante, era "o mais fatal dos sete pecados capitais". E, de alguma maneira, o orgulho ainda é equiparado a um defeito, assim como a presunção. Entretanto, ele é uma emoção importante. É aquela que provém de uma grande satisfação e alegria depois de algo conquistado. É, no fundo, exatamente o que almejamos.

Muitas pessoas se preocupam em fazer uma autoavaliação exagerada de si mesmas, têm medo da *arrogância*. Muitos de nós fomos criados para termos falsa modéstia. Além disso, muitos de nós nos sentimos inseguros em relação a determinado desempenho: será bom o suficiente para termos orgulho? A busca pela perfeição impede a sensação de orgulho.

É por isso que quero encorajar você a se orgulhar de seus feitos, em especial quando conseguir colocar seus propósitos em prática. Portanto, tenha orgulho se você:

- Permanecer firme em seus argumentos pois não lhe foram expostos argumentos melhores.
- For sincero e honesto consigo mesmo em determinada situação.
- Fizer um exercício para aumentar a autoestima todos os dias.
- Disser não quando quiser dizer não.
- Tiver consciência de seus pontos fortes.
- Aceitar um desafio do qual teria se esquivado no passado.
- Tratar uma pessoa difícil com benevolência.
- Souber se defender diante de outra pessoa, apesar do medo.
- Reerguer-se após uma derrota.
- Aceitar que é inseguro.
- Lidar de forma gentil com suas fraquezas.
- Permanecer fiel às suas convicções.
- Abordar um conflito de maneira sincera.

Tenha orgulho de si quando se esforçar verdadeiramente.
Você é o que é, e isso é tudo que você é! E você é maravilhoso como é.

CAPÍTULO 4

COMO MUDAR SUA VIDA: EXERCÍCIOS

Responsabilidade e vitimização

Em minha carreira como psicoterapeuta e palestrante tenho dito cada vez mais aos meus clientes: você precisa assumir a responsabilidade por si mesmo e por seus sentimentos.

Gostaria de voltar a esse assunto para aprofundá-lo, pois assumir a responsabilidade por si mesmo é, a meu ver, a maior missão da nossa vida, bem como o fundamento de nossa evolução pessoal.

Nos últimos anos, cheguei à conclusão de que muitas pessoas não percebem que vivem no papel de vítima. Como terapeuta, às vezes preciso de um pouco mais de tempo para me dar conta disso com alguns clientes. São pessoas que comparecem a todas as sessões e fazem todas as práticas que sugiro. São dedicadas e engajadas. E mesmo assim nada muda.

Elas dizem: "Na teoria, tudo faz sentido, mas não consigo fazer mudanças." Dizem também: "Não consigo me libertar de..., apesar de saber que não me faz bem." Ou: "Não consigo fazer isso e aquilo, porque sou tomado pelo medo." É um medo muito grande.

A essência dessas declarações e outras semelhantes é a mesma: *Não consigo ajudar a mim mesmo. Me salve! Seja ler um livro de autoajuda, fazer terapia ou ir a uma palestra, posso fazer tudo que me recomendam, realizar todos os exercícios e ainda ter a profunda convicção de que estou completamente impotente e à mercê de meus sentimentos e pensamentos. Você precisa me ajudar.*

Essa recusa inconsciente a assumir responsabilidade pela própria vida boicota todas as ofertas de ajuda. São, no entanto, pessoas que operam em um modo funcional. Tiveram experiências traumáticas na infância e são emocionalmente "congeladas". Uma espécie de programa de sobrevivência foi instalado nelas e as ajuda a seguir em frente, mas por trás desse programa se esconde o medo de ser atropelado por sentimentos terríveis.

Quero pedir a você que coloque a mão no coração e sinta em seu interior quem deveria garantir que sua vida melhore. Por favor, sinta suas emoções e deixe a resposta vir de seu interior. Será seu parceiro ou sua parceira, seu terapeuta, sua mãe ou seu pai, o universo, Deus? Quem deveria salvar você? Caso você descubra, após essa autoverificação honesta, que espera essa salvação do exterior, dê a si mesmo os parabéns por esse passo corajoso de autoconhecimento.

Agora quero dar mais um passo com você, no qual exploraremos qual função de proteção essa crença desempenha. Direcione sua atenção para a área do peito e da barriga – o centro das emoções – e sinta quais vantagens aparentes haveria em transferir a responsabilidade por sua vida a outra pessoa ou entidade.

Alguns motivos comuns:

- *Tenho medo de não conseguir, então prefiro nem tentar. Isso me protege de mais fracassos.*
- *Tenho o direito de deixar as coisas do jeito que estão. Minha vida pode ter suas desvantagens, mas representa segurança. Sei onde estou pisando.*
- *Mostro ao mundo (que, neste contexto, representa meus pais) que cometeram uma grande injustiça contra mim e que ninguém tem capacidade de reverter isso. Isso me dá certa satisfação.*
- *Tenho o direito de culpar os outros pela minha situação. Não estou fazendo nada de errado em não sair do lugar.*
- *Tenho uma raiva indomável, acumulada e reprimida dentro de mim. Quanto pior estou, mais posso me vingar dos outros (parceiro, filhos, pais), que precisam assistir ao meu sofrimento de forma impotente.*

- *Tenho esperança de ser salvo e por isso não me sinto tão sozinho. Para assumir responsabilidade por minha vida, eu precisaria confessar que estou sozinho e não consigo salvar a mim mesmo.*
- *Até gostaria de mudar, mas não tenho forças para fazer mudanças, para colocar tudo isso em prática. Espero um dia ter mais energia para agir.*

Se você conseguiu reconhecer por que permanecer no papel de vítima é uma vantagem, concentre-se novamente em seu interior e se pergunte se isso é de fato vantajoso. Você pode decidir a qualquer momento se deseja permanecer no papel de vítima ou se quer se libertar dele. Uma coisa posso lhe garantir: assim que decidir assumir responsabilidade por seus sentimentos e suas decisões, você mudará sua vida.

Reconhecendo a realidade

O grande mal que alimenta a maior parte dos nossos problemas é a maneira como percebemos a realidade. A percepção do mundo e de nós mesmos é a base da consciência humana. Consciência é percepção. Só podemos reagir àquilo que percebemos. O problema é que nossa percepção é amplamente conduzida pelo inconsciente, o que significa que não nos damos conta de quanto nossos valores determinam o que percebemos e o que não percebemos. Podemos ir mais longe, até: só notamos aquilo em que acreditamos.

Muitos experimentos psicológicos foram feitos nesse sentido, e meu preferido é aquele em que os participantes precisavam acompanhar pessoas jogando a bola umas para as outras e contar quantos passes foram feitos. Somente 12% dos participantes perceberam algo incomum durante essa tarefa; que uma pessoa vestida de gorila aparecia atrás da cena. Ou seja, 88% não viram esse "detalhe", o que mostra que mesmo que algo seja praticamente esfregado em nosso nariz não é garantido que prestaremos atenção. (Esse estudo e outros parecidos foram realizados pelos psicólogos Daniel Simons e Christopher Chabris em 1999.)

Podemos imaginar que o cérebro é como um mapa que nos conduz pela realidade. Quanto mais preciso for esse mapa, melhor ele nos orientará. Infelizmente, os mapas mentais são muito inexatos e bastante subjetivos. São determinados por nossas predisposições genéticas, bem como pela influência da nossa cultura e nossa trajetória de vida.

O sistema de percepção humano já é, por si só, altamente deficitário. Ouvimos, vemos, sentimos e saboreamos somente o que nossos sentidos conseguem processar em termos de impressões. E isso é só uma pequena fração do que acontece de fato lá fora. Todas essas limitações se encontram tão entranhadas em nós que quase não conseguimos nos distanciar delas. Só podemos nos libertar parcialmente da nossa subjetividade. Ainda assim, há uma pequena margem de manobra que devemos aproveitar.

Uma das principais motivações deturpadas por nossa percepção é o fato de que todos nos esforçamos para evitar o sofrimento. Temos uma grande motivação para fugir da realidade, seja muito ou pouco. Não há nada que temamos mais do que sentimentos de solidão, dor e medo. Precisamos evitá-los a todo custo. É por isso que somos mestres da repressão.

Muitos passam a vida concentrados em funcionar no piloto automático. Não se dão conta de si mesmos, pois perderam o contato com seus sentimentos ou só sentem emoções "permitidas". Muitos, inclusive, sofrem por não sentirem nada. São pessoas sem altos e baixos, desconectadas da vida. Algumas constroem uma espécie de "mentira existencial", isto é, se comportam como acham que deveriam ser idealmente, sem perceber que perderam o contato com quem são de fato.

Viver, afinal, significa sentir. Quando reprimimos sentimentos que nos parecem insuportáveis de tão dolorosos, o preço que pagamos é abrir mão de parte da nossa identidade e autenticidade. Além disso, os guardiões do inconsciente não são bons em diferenciar as coisas. Quando decidem que é melhor não sentir para evitar sofrimento, bloqueiam também tudo que poderia dar a sensação de conexão com a vida. O resultado é um mingau de sentimentos, que inclui vazio, tédio e mal-estar inconsciente. Para não tomar consciência desse estado, a pessoa se mantém ocupada o máximo de tempo possível.

Utilizamos diferentes estratégias para nos proteger de sentimentos dolorosos. Vício em trabalho, perfeccionismo, sede de poder e busca desenfreada pelo sucesso material são apenas algumas delas. Com isso, não solucionamos o problema, apenas fingimos ignorá-lo. E, querendo ou não, agimos como agressores. Ao negarmos nossa vulnerabilidade, não enxergamos a vulnerabilidade e os limites dos outros.

Um chefe que humilha seus funcionários, por exemplo, impelido pela busca por poder, torna-se culpado, bem como o funcionário que sabota o trabalho em equipe por estar preso em sua raiva reprimida. Ou a mãe que vê a si mesma no filho e deturpa a personalidade individual dele por medo de a criança virar uma fracassada (como ela).

Corremos o enorme risco de projetar nossas sombras reprimidas no outro. Esse é o mal do mundo. É por isso que quando lidamos com nossas questões emocionais, não estamos tratando apenas de nossa pequena e individual parcela de felicidade, mas, acima de tudo, de não fazer mal ao outro. Em outras palavras, precisamos trabalhar para ser pessoas melhores.

Podemos partir do princípio de que a percepção que temos do mundo deriva da nossa vida emocional. O que carregamos em nosso interior é projetado no mundo exterior. Todo mundo já passou pela experiência de estar mal-humorado e enxergar idiotas por toda parte. Mas quando estamos de bom humor, de preferência apaixonados, nos perguntamos onde estão todos eles. Da mesma forma, uma pessoa profundamente insegura pode pensar quando alguém sorri para ela: *Que cara é essa? Está me achando ridícula?*

Simplesmente não podemos solucionar nossos problemas se não os reconhecemos. Como o chefe excessivamente ambicioso, cujas ações são guiadas por seu sentimento de inferioridade reprimido, poderia mudar se não reconhece essas sombras interiores? O fato é que seus funcionários sofrem com suas atitudes mesquinhas, e ele também sofre. A esposa o deixou, ele não tem conexão com os filhos. Está à beira do burnout, o medo do fracasso o corrói por dentro. A única coisa que silencia o medo é o uísque no fim do dia.

É por isso que eu gostaria de encorajar você a encarar sua realidade interna da maneira mais honesta possível. Os sentimentos dos quais você tem mais medo provavelmente são mais fáceis de suportar do que você imagina. Nenhum sentimento dura para sempre. Na maioria das vezes, um alívio interno se instaura quando permitimos que aqueles sentimentos normalmente repelidos com todas as forças venham à tona.

Exercício

Você pode incluir este exercício como uma atitude interna em sua vida e sua rotina. No fundo, trata-se de não reprimir sentimentos desgastantes, mas de praticamente lhes dar boas-vindas e encontrar um lugarzinho para eles em sua essência. A base destes passos é o método "focalização" (ou *focusing*), criado por Eugene Gendlin.

1. Feche os olhos e direcione a atenção para a sua respiração.
2. Imagine que você é o anfitrião e que seus sentimentos são seus convidados. Você não é seus sentimentos. Os sentimentos são apenas parte de você.
3. Pense em uma situação da sua vida (atual ou do passado) que lhe cause sofrimento e preocupação. Deixe os sentimentos chegarem, dê boas-vindas a eles como daria a convidados reais. Cumprimente-os. Você pode dizer ao sentimento-convidado algo como: *Olá, aqui está você de novo, há quanto tempo conheço você. Seja bem-vindo, medo do fracasso.*
4. Permita a presença do sentimento. Você não precisa fazer nada, não precisa processar o sentimento nem resolver o problema, simplesmente sinta. Em geral, isso gera um sentimento de alívio bastante agradável. A resistência a sentimentos indesejados exige muito mais do que aguentar e deixá-los passar naturalmente.
5. Imagine agora que você é um pesquisador cuja função é analisar esse sentimento. Observe-o, sinta-o em todas as suas nuances e permita que as imagens e pensamentos que surgirem permaneçam.

6. Dê ao sentimento um lugarzinho dentro de você. Tenha sempre em mente: você é o anfitrião, não o sentimento. O propósito é permitir que todos os sentimentos, por mais absurdos ou desgastantes que sejam, tenham o direito de estar em você. Muitas pessoas sentem um alívio enorme quando param de lutar contra si mesmas e simplesmente aceitam seus sentimentos. Com isso, a resistência e a luta contra si mesmas se encerram.

Quando a resistência é grande

Se você sentir uma resistência muito forte e tiver a sensação de que esse sentimento não pode existir dentro de você de jeito nenhum, é quase certo que ele está ligado a experiências traumáticas. Talvez você tenha vivido situações tão terríveis na infância que seu corpo e seu cérebro decidiram que esse sentimento não pode ressurgir nunca mais, sob hipótese alguma. Essa resistência foi vital para sua sobrevivência. Nesse caso, é importante respeitar a resistência. Sinta esse bloqueio dentro de você – onde exatamente em seu corpo você sente isso? É uma pressão no estômago? Um nó na garganta? Sinta a resistência, não o sentimento. Ouça o que ela tem a lhe dizer. Pode ser algo como: *Me deixe em paz com essa história de sentimento! Não sentimos nada, e é assim que deve ser.* Reconheça e leve a sério o que a resistência lhe sinalizar. Se ela se sentir de fato vista, pode ser que suavize um pouco e que os sentimentos subjacentes aflorem.

Se você acha que está muito traumatizado e psiquicamente instável para esse exercício, procure ajuda profissional. Assim você terá um espaço seguro para processar traumas.

A criança-sombra e o ego adulto

A "criança interior" é uma metáfora para nossos condicionamentos de infância. Em meu livro *Acolhendo sua criança interior*, diferencio a criança-sombra e a criança-sol. A criança-sombra simboliza as experiências problemáticas da infância que nos marcaram de forma negativa, enquanto a criança-sol representa as vivências positivas e os recursos que construímos como adultos.

Nossa percepção é fortemente condicionada por nossa subjetividade. Nossa chamada criança-sombra tem um papel crucial aqui – afinal, são as impressões negativas que, em primeira linha, vão nos incomodar em nossa vida futura. A criança-sombra, portanto, representa a parte de nossa autoestima que se sente volúvel e inferior e que gosta de se boicotar. Se você tiver feito o exercício da seção anterior, talvez já tenha entrado em contato com sua criança-sombra. Ela provavelmente sofre com medos difusos, depressão ou sentimentos de grande abandono. Quando escrevi que é importante não deixar de lado sentimentos angustiantes, mas sim aceitá-los de forma consciente, queria dizer que é importante tomar a criança-sombra pela mão. Já abordei um pouco o tema na seção "Segure sua criança interior pela mão". Agora, descreverei mais detalhadamente como podemos identificar a criança-sombra e regulá-la.

A criança-sombra se manifesta por meio de crenças negativas e sentimentos desgastantes. Crenças são atitudes internas profundas que em geral são adquiridas na infância. Como já dito no capítulo "Por que sou tão inseguro?", aprendemos com nossos pais se somos dignos de amor e cuidados. As crenças resumem essas experiências. A maioria delas está relacionada ao tema desmerecimento e abandono. Consequentemente, surgem sentimentos de medo, vergonha e solidão. As crenças mais comuns são:

Não tenho valor.
Não sou bom o suficiente.
Estou sozinho.

Há muitas variações dessas crenças. Alguns exemplos: *Sou burro/feio/estranho. Não vou conseguir. Não sei fazer isso. Preciso fazer tudo sozinho. Ninguém me ama. Não posso cometer erros. Preciso ser perfeito.*

As crenças são uma espécie de programação da autoestima.

Exercício

Conecte-se com seu interior e tente enxergar sua criança-sombra o mais claramente possível.

1. Volte para sua infância em seus pensamentos. Como seus pais tratavam você? Você se sentiu amado, compreendido e protegido? Seus pais apoiaram sua autonomia? Você tinha o direito de se autoafirmar sem sentimentos de culpa?
2. Quais convicções (crenças) internas profundas surgiram em você?
3. Sinta como tudo isso se manifesta dentro de você.
4. Imagine-se pegando sua criança-sombra pela mão e assegure-lhe que ela é ouvida e vista.

Flagrar-se e mudar

Agora se desligue de todos os sentimentos e entre no modo puramente racional. Mude, portanto, com total consciência de seus sentimentos de criança-sombra para seu eu adulto. A melhor forma de fazer isso é mudar de lugar, literalmente.

Observe, pela perspectiva do eu adulto e com grande distância, se suas crenças se justificam ou se são mero produto de sua criação. Imagine que seus pais tenham sido completamente diferentes ou que você tenha até mesmo tido pais diferentes – você não teria desenvolvido outras crenças? Sim, suas crenças são completamente aleatórias.

Sempre que, no futuro, você se pegar preso no modo criança-sombra por se sentir mal e acreditar que não vale nada e é inadequado, mude *imediatamente* para o modo do eu adulto e tome certa distância desse estado. Sua criança-sombra é o convidado – você é o anfitrião, mas você não é a criança-sombra. Console sua criança-sombra, diga-lhe que o passado não foi fácil, mas que hoje em dia vocês – ou seja, o adulto e a criança-sombra – são crescidos e que as relações mudaram por completo. Vocês agora são livres e não dependem mais da mamãe e do papai.

Inclua esse exercício em sua rotina. No fundo, trata-se somente de não se identificar com a criança-sombra e suas crenças falsas. Para isso, você precisa estar atento a si mesmo em seu dia a dia para que possa perceber quando estiver no modo criança-sombra, pois é somente quando você se flagra que consegue mudar para o modo eu adulto. Para isso, é importante se pegar no flagra o mais cedo possível para que os sentimentos não sejam tão avassaladores, pois assim eles poderão ser mais facilmente regulados.

CAPÍTULO 5

COMO MUDAR SUA VIDA: TESTE E DICAS

Introversão e extroversão

Já abordei rapidamente as características distintas da introversão e da extroversão no capítulo "Por que sou tão inseguro?". Adicionarei aqui algumas informações, tendo em vista que essas características impactam nossa personalidade e sofrem forte influência genética. O fato, portanto, de sermos mais introvertidos ou mais extrovertidos tem pouco a ver com a nossa criação. Pode ser um grande alívio saber que não temos muito controle sobre algumas características das quais não somos grandes fãs. Eu pessoalmente tenho dificuldade de meditar, por isso nem tento. Acho um tédio. E sempre me critiquei por isso. Desde que descobri, porém, que extrovertidos recebem a maior parte de seus estímulos do mundo exterior e que têm muito mais dificuldade de meditar do que introvertidos, consigo lidar de forma muito mais compreensiva com essa fraqueza pessoal. A meta final é sempre a autoaceitação. É por isso que acrescentarei aqui alguns fatos sobre o cérebro de introvertidos e extrovertidos.

O cérebro de introvertidos e extrovertidos funciona de maneiras diferentes. O sistema nervoso simpático e o parassimpático são dois grandes adversários do sistema nervoso autônomo – que funciona de modo automático e só pode ser influenciado parcialmente. O sistema nervoso simpático é, digamos, o nervo da atividade. Ele se concentra no desempenho e prepara o corpo para a luta ou a fuga. O sistema nervoso parassimpático é o nervo da calma – assegura que o corpo se regenere e descanse. O neurotransmissor do sistema nervoso simpático é a dopamina, e o do sistema nervoso parassimpático, a acetilcolina. Os extrovertidos são mais fortemente influenciados pelo sistema nervoso simpático, enquanto os introvertidos, pelo parassimpático, o que tem efeitos em sua forma de ser. Façamos a seguir um pequeno autoteste.

Teste: Sou extrovertido ou introvertido?

Responda às perguntas a seguir. Quando falamos de introversão e extroversão, trata-se de inclinações, ou seja, temos certa preferência por um ou outro estilo de personalidade, o que não significa que não possamos nos comportar de maneira distinta. Caso você se sinta em uma posição intermediária em algumas das perguntas, sinta em seu interior para qual alternativa você está mais inclinado.

1. a) Às vezes reflito muito e, ainda assim, não digo nada.
   b) Costumo falar mais rápido do que penso.
2. a) Quando estou com um problema pessoal, preciso falar com outras pessoas sobre o assunto para me organizar.
   b) Quando tenho um problema pessoal, preciso primeiro me organizar internamente antes que consiga falar sobre ele.
3. a) Recarrego melhor minhas energias quando estou sozinho.
   b) Recebo a maior parte dos estímulos a partir do contato com os outros.
4. a) Privilegio trabalhos que me aproximam das pessoas.
   b) Prefiro trabalhar sozinho.
5. a) Adoro festas e grandes eventos.
   b) Não tiro muito proveito de festas e grandes eventos.
6. a) Não tenho tendência a emoções avassaladoras.
   b) Sinto minhas emoções de forma mais espontânea e intensa.
7. a) Sou uma pessoa espontânea e que gosta de correr certos riscos.
   b) Sou mais sensato e privilegio a segurança.

Pontuação: para cada pergunta, calcule um ponto para extroversão ou introversão. Veja qual teve mais pontos.

Pergunta 1:   a) Introvertido   b) Extrovertido
Pergunta 2:   a) Extrovertido   b) Introvertido
Pergunta 3:   a) Introvertido   b) Extrovertido
Pergunta 4:   a) Extrovertido   b) Introvertido
Pergunta 5:   a) Extrovertido   b) Introvertido
Pergunta 6:   a) Introvertido   b) Extrovertido
Pergunta 7:   a) Extrovertido   b) Introvertido

Extrovertidos

Extrovertidos são mais determinados pelo sistema nervoso simpático, enquanto introvertidos, pelo sistema nervoso parassimpático. Consequentemente, extrovertidos precisam de uma quantidade maior de dopamina para se sentirem incentivados e estimulados. Se o nível de dopamina estiver muito baixo, vai gerar estresse na forma de tédio. Extrovertidos têm mais necessidade de movimento que introvertidos. Eles amam companhia, coisas para fazer, eventos – qualquer acontecimento, em geral. Mas têm dificuldade de se sentar quietos e olhar para dentro de si. Não conseguem produzir tanto a partir de sua vida interior. Isso não quer dizer que sejam rasos, mas que precisam de uma superfície de reflexão externa para trabalhar mentalmente e se sentirem inspirados. Entretanto, tendem a ser mais superficiais, em virtude da sociabilidade.

A maior liberação de dopamina nos extrovertidos faz com que seu centro de recompensas no cérebro (núcleo *accumbens*) seja mais ativo. Isso significa que o que motiva os extrovertidos é, acima de tudo, a possibilidade de recompensa. O cérebro é viciado em estímulos. Boa comida, sexo, álcool, dinheiro e sucesso profissional liberam dopamina, de que os extrovertidos precisam com mais premência que os introvertidos para o bem-estar.

Para alcançar a desejada recompensa, os extrovertidos estão dispostos a correr riscos. Isso tem vantagens e desvantagens. Por um lado, eles podem conquistar muitas coisas com essa propensão a correr riscos, mas se agirem de forma excessivamente imprudente, podem colocar muitas coisas a perder. Gostam de agir com rapidez. Isso pode fazer com que tenham, às vezes, um comportamento leviano diante das situações e das pessoas. Em combinação com o gosto por riscos, isso pode levar a erros fatais. Aconselho a todos os extrovertidos, portanto, que façam uma pausa para reflexão e – pelo menos no caso de decisões importantes – se obriguem a buscar o máximo possível de informações.

Os extrovertidos tendem – condicionados pela dopamina – a mais euforia, entusiasmo e exuberância que os introvertidos. É por isso que, na média, são um pouco mais alegres e bem-humorados. Por outro lado, são mais impulsivos e têm maior tendência a oscilações de humor. Sua impulsividade também pode, sob estresse, se transformar em agressividade. Isso é um de seus lados obscuros. Essa maior disposição para riscos e agressividade, entretanto, produz uma gestão de conflitos mais eficiente. Para eles, é mais fácil ser direto e abordar as questões sem muita demora, em comparação com os introvertidos. Extrovertidos também têm mais coragem para incomodar de vez em quando. Além disso, têm mais facilidade de interceder em causa própria, ou seja, conseguem defender bem seu ponto de vista. Acima de tudo, extrovertidos são – no sentido positivo – bons na autopromoção.

Extrovertidos em desequilíbrio
Quando sofrem de insegurança, extrovertidos tendem a se esforçar ativamente por afeto e elogios, em virtude de seu temperamento. Eles se esforçam para agradar. Em vez de se recolher em seu casulo, como os introvertidos, buscam confirmação e reconhecimento no exterior. Nesse contexto, podem se tornar menos exigentes no que tange à qualidade de seus contatos. Em especial quando não estão bem, não gostam de ficar sozinhos em casa e preferem estar com qualquer pessoa a estarem sós. Podem sucumbir a atividades frenéticas para desanuviar, com todos os

meios possíveis, esse estado ruim. Outro problema é a possibilidade de o mau humor desaguar em agressividade e briga.

- Faça uma pausa interna, que pode ser curativa, e se pergunte: *O que estou sentindo neste momento?* Uma análise de seu estado emocional pode ser de grande auxílio para tomar medidas mais específicas em vez de sucumbir a uma agitação irrequieta.
- Fique atento a si mesmo e se pegue no flagra se começar a tentar agradar os outros como um reflexo e desejar atrair atenção para si. Às vezes, menos é mais. Você não precisa ser o queridinho de todo mundo e agradar a todos. Alguns amigos bem selecionados são mais bem-vindos que muitos conhecidos superficiais.
- Tente buscar o reconhecimento mais dentro de si mesmo e menos no mundo exterior. Isso pode ser alcançado se você se concentrar mais em seus pontos fortes e ficar de olho nos pontos fracos. Muitos exercícios deste livro podem ser de grande auxílio nesse sentido.
- Treine sua capacidade de ouvir. Tendo em vista que extrovertidos gostam de falar, informações importantes podem escapar indevidamente. Observe que os introvertidos precisam de um pouco mais de tempo para se abrir com os outros. Dê-lhes o espaço necessário para isso. Escutar uma pessoa de forma atenta nos distrai de nossos problemas de maneira saudável.
- Fique de olho em sua impulsividade, pois ela pode lhe causar problemas. Faça um esforço para melhorar seu estado de ânimo. E mais importante ainda: não entre na espiral do mau humor. Dê sempre um passo atrás e relativize a avaliação de seu sofrimento por meio de critério adequado.

Introvertidos

No cérebro dos introvertidos, a amígdala tem um papel mais importante que o centro de recompensas. A amígdala é o centro do medo. Consequentemente, introvertidos têm necessidade de segurança e estabilidade para se sentir bem. Em virtude de sua maior predisposição para sentir medo, entretanto, eles estão mais atentos a informações que vêm do mundo exterior. São observadores aguçados, característica que os torna, de fato, menos propensos a acidentes em comparação com os extrovertidos, que tendem à imprudência. Introvertidos precisam, portanto, de certa distância do mundo. Costumam ser pessoas mais calmas, que deixam a energia atuar em seu interior. Os introvertidos reagem de forma irritadiça quando o nível de acetilcolina está muito baixo, ou seja, quando estão sujeitos a muitos estímulos e acontecimentos.

Introvertidos se perdem em seus pensamentos, e não é fácil entender o que se passa dentro deles. Vivem com cautela e sobriedade. A meditação é uma atividade à qual os introvertidos se sentem mais atraídos que os extrovertidos. Para eles, é relativamente fácil mergulhar em si mesmos, enquanto os extrovertidos são rapidamente tomados por impaciência e tédio.

Quando introvertidos se interessam por algo, conseguem se concentrar por horas a fio e se entregar por completo à atividade. Nesse caso, não precisam de mais ninguém – às vezes durante dias. No geral, são bastante independentes do mundo exterior. Apreciam sua esfera privada e ficam inquietos quando não têm tempo suficiente para si mesmos. Em virtude de sua capacidade de foco duradouro, alguns deles dispõem de uma formação excepcional e/ou são especialistas em uma ou várias áreas de conhecimento. Os extrovertidos podem ter uma formação sólida ou dispor de conhecimentos técnicos excepcionais, mas a atividade silenciosa prolongada com um único tema não é exatamente a praia deles. Muitos introvertidos gostam de escrever. A escrita facilita a expressão de seu mundo mental profundo e sua vida emocional abundante. Muitos escritores – naturalmente não todos – são introvertidos.

Introvertidos hesitam em falar de seus sentimentos e pensamentos e fazem isso de preferência com amigos próximos. Quando o tema são hobbies e interesses, eles gostam de falar e têm muito a dizer. Introvertidos tendem mais a inseguranças e medos sociais que extrovertidos, que têm mais facilidade de interagir por natureza.

Introvertidos em desequilíbrio
Introvertidos inseguros tendem a recuar para dentro de si ou de suas casas. São bastante reservados no contato com os outros e se esforçam para não incomodar. Isso pode aumentar sua insegurança e tornar o contato com os outros muito frágil. Quando estão de mau humor, tendem à agressão passiva – se escondem atrás de seus muros íntimos e se afastam. Algumas orientações:

- Tenha orgulho de seus tesouros internos. Tenha certeza de que é absolutamente normal ser introvertido. Caso você se sinta um pouco entediante na presença de um extrovertido, esqueça a necessidade de falar e aproveite a capacidade de falar do outro. De que vale a propensão para discursos de um extrovertido se ele não tiver quem o ouça?
- Resista ao impulso de se isolar. Faça a escolha consciente de sair de casa, marque eventos com as pessoas. Concentre-se no mundo exterior em vez de dar ouvidos a seus pensamentos e inseguranças. Para evitar que o cérebro entre em uma espiral de ruminações, anote suas preocupações por escrito para que ele saiba que, em caso de necessidade, tudo está no papel e que mais ruminações não servirão para nada. Abra-se para impressões externas e ouça o que os outros têm a dizer. Isso distrairá você de si mesmo de forma saudável.
- Procure uma pessoa de confiança e fale com ela sobre seus problemas. Lute contra a tendência de resolver tudo sozinho. Você perceberá que falar produz um grande alívio.
- Treine sua gestão de conflitos (veja também a seção "Comunicação"). Você atrai muitos problemas porque defende pouco seus desejos e sentimentos. Tenha em mente: quanto mais transparente você for, mais fácil será lidar com você. Tenha coragem de sair da sua zona de conforto e assuma a responsabilidade por seus desejos. Uma conversa sincera é muito mais justa que deixar o outro no escuro.
- Preste atenção no seu corpo. Uma boa postura tem efeitos positivos no humor. Perceba como você se sente quando não está bem e tente fazer o corpo agir contra isso de forma plenamente consciente.

EPÍLOGO

O sol me aquece enquanto balanço preguiçosamente na rede. Fosse outra época, eu nunca teria me dado ao luxo de fazer isso. Aprendi a viver de maneira mais relaxada. Tudo começou com artigo de revista no qual entrevistaram um habitante do planeta Segurança. Durante a leitura, achei que o sujeito devia ser louco, mas, por alguma razão, não consegui tirá-lo da cabeça. Comecei, então, a pesquisar na internet para saber o que havia por trás de tudo aquilo. Para a minha surpresa, encontrei muitos resultados. Foi assim que cheguei ao fórum www.PlanetaSeguranca.sic. Iniciei uma sessão sob o pseudônimo Manto de Invisibilidade. Havia muitas pessoas no fórum, muitas do planeta Segurança, e outras do meu planeta, algumas das quais chegaram até lá por causa do artigo, tal como eu. Como eu estava usando um pseudônimo, tive coragem de fazer algumas perguntas diretas. A primeira delas foi se havia alguém que tinha conseguido aceitar suas fraquezas. Logo recebi mais de 100 respostas, entre as quais de pessoas de nosso planeta que haviam emigrado para o planeta Segurança. Fiz contato com uma mulher que escreveu que seu sonho sempre havia sido emigrar. Quando jovem, ela havia ouvido falar do planeta Segurança pela primeira vez e imediatamente foi pesquisar como se mudar para lá. Inicialmente, ela pensou: *Você nunca vai conseguir!* Mas lutou e nunca desistiu. Quando lhe perguntei o que teria sido mais difícil, sua resposta foi que havia sido tirar o manto de invisibilidade. Ela treinou dar pequenos passos e se obrigou a deixar o manto de invisibilidade na bolsa em determinadas situações. Nas primeiras vezes, se sentiu nua. Aos poucos, porém, percebeu que nada de ruim acontecia e se tornou mais corajosa. O melhor de tudo era poder respirar tão livremente. Ela ainda carregava o manto de invisibilidade, mas agora só o colocava raramente. Ela se perguntava o tempo todo como aguentaria expor suas fraquezas assim. No início, teria sido bem difícil, mas percebeu que os outros não reconheciam suas fraquezas de maneira tão clara como ela. Alguns nem percebiam suas fraquezas, quase como se ela estivesse usando o manto de invisibilidade. Com o tempo, então, ela relaxou e pensou: "Se é assim, não preciso me estressar tanto por causa disso!" Foi então que ela percebeu que sua vida estava muito mais relaxada agora. Quando ainda usava o manto de invisibilidade, ela ficava tensa e bastante doente.

Ela contou ainda como havia treinado para defender a si mesma, sua opinião, seus desejos e seus medos. Teve coragem de falar de forma sincera e de nadar contra a corrente. Isso teria sido bastante difícil antes, mas ela aprendeu a assumir responsabilidades por si mesma. Antigamente, se sentia como vítima. O mais importante de sua jornada, porém, foi ela ter aprendido a enxergar a si mesma. Antigamente, ela só prestava atenção em como os outros a enxergavam. Nessa época, pensava que seria egoísta se valorizasse a si mesma. Hoje, ela vê tudo de forma muito diferente: quanto mais se valoriza, mais gosta dos outros, pois perdeu o medo deles.

Que loucura! Isso me deu uma baita chacoalhada. Senti-me como se tivesse sido pego no flagra. Subitamente, comecei a questionar muitas coisas que haviam sido normais para mim antes. Isso foi difícil. Acho que me dei conta de que tudo só estava ocorrendo em minha cabeça, a questão dos fortes, etc. Comecei então a falar de maneira mais sincera com algumas pessoas em meu planeta, a fazer algumas perguntas. Percebi com espanto que muitos se sentiam como eu. A maioria das pessoas tinha inseguranças e medos. Isso foi um grande consolo, pois deixei repentinamente de ser um guerreiro solitário. O mais estranho, entretanto, foi o seguinte: quanto mais sincero e corajoso me torno, menos pessoas fortes vejo à minha volta. Eu as vejo com cada vez menos frequência. Ou será que simplesmente as estou vendo de modo diferente? Um dia ainda descubro a resposta.

AGRADECIMENTOS

Meus sinceros agradecimentos para...
... Alexandra Knipprath, a primeira pessoa a ler meu manuscrito. Você me motivou muito e me deu sugestões importantes.
... minha colega e amiga Helena Muser, que recebeu o manuscrito com grande entusiasmo e me deu dicas e ideias muito valiosas.
... minha amiga Eva Tausch, pelas críticas construtivas.
... minha amiga e colega Melanie Alt, pela leitura e pelos elogios.
... minha editora Carola Kleinschmidt, por seu cuidado e sua competência.
... meu marido, Holger Sorg, pelo interesse honesto por meu trabalho e por seu apoio amoroso.

CONHEÇA ALGUNS DESTAQUES DE NOSSO CATÁLOGO

- Augusto Cury: Você é insubstituível (2,8 milhões de livros vendidos), Nunca desista de seus sonhos (2,7 milhões de livros vendidos) e O médico da emoção
- Dale Carnegie: Como fazer amigos e influenciar pessoas (16 milhões de livros vendidos) e Como evitar preocupações e começar a viver
- Brené Brown: A coragem de ser imperfeito – Como aceitar a própria vulnerabilidade e vencer a vergonha (900 mil livros vendidos)
- T. Harv Eker: Os segredos da mente milionária (3 milhões de livros vendidos)
- Gustavo Cerbasi: Casais inteligentes enriquecem juntos (1,2 milhão de livros vendidos) e Como organizar sua vida financeira
- Greg McKeown: Essencialismo – A disciplinada busca por menos (700 mil livros vendidos) e Sem esforço – Torne mais fácil o que é mais importante
- Haemin Sunim: As coisas que você só vê quando desacelera (700 mil livros vendidos) e Amor pelas coisas imperfeitas
- Ana Claudia Quintana Arantes: A morte é um dia que vale a pena viver (650 mil livros vendidos) e Pra vida toda valer a pena viver
- Ichiro Kishimi e Fumitake Koga: A coragem de não agradar – Como se libertar da opinião dos outros (350 mil livros vendidos)
- Simon Sinek: Comece pelo porquê (350 mil livros vendidos) e O jogo infinito
- Robert B. Cialdini: As armas da persuasão (500 mil livros vendidos)
- Eckhart Tolle: O poder do agora (1,2 milhão de livros vendidos)
- Edith Eva Eger: A bailarina de Auschwitz (600 mil livros vendidos)
- Cristina Núñez Pereira e Rafael R. Valcárcel: Emocionário – Um guia lúdico para lidar com as emoções (800 mil livros vendidos)
- Nizan Guanaes e Arthur Guerra: Você aguenta ser feliz? – Como cuidar da saúde mental e física para ter qualidade de vida
- Suhas Kshirsagar: Mude seus horários, mude sua vida – Como usar o relógio biológico para perder peso, reduzir o estresse e ter mais saúde e energia

CONHEÇA OS LIVROS DE STEFANIE STAHL

Acolhendo sua criança interior

Acolhendo sua criança interior: caderno de atividades

Como fortalecer sua autoestima

Para saber mais sobre os títulos e autores da Editora Sextante,
visite o nosso site e siga as nossas redes sociais.
Além de informações sobre os próximos lançamentos,
você terá acesso a conteúdos exclusivos
e poderá participar de promoções e sorteios.

sextante.com.br